历事悟道

LISHI
WUDAO

三千句

张作理◎著

中华工商联合出版社

图书在版编目（CIP）数据

历事悟道三千句 / 张作理著 . -- 2 版 . -- 北京：中华工商联合出版社，2021.7（2023.6重印）
ISBN 978-7-5158-2625-7

Ⅰ.①历… Ⅱ.①张… Ⅲ.①社会科学 - 文集
Ⅳ.① C53

中国版本图书馆 CIP 数据核字（2021）第 102949 号

历事悟道三千句

作　　者：张作理
出 品 人：李　梁
责任编辑：吴建新
封面设计：张合涛
责任审读：付德华
责任印制：迈致红
出版发行：中华工商联合出版社有限责任公司
印　　刷：三河市燕春印务有限公司
版　　次：2021 年 7 月第 2 版
印　　次：2023 年 6 月第 3 次印刷
开　　本：880mm×1230 mm 1/32
字　　数：207 千字
印　　张：13.5
书　　号：ISBN 978-7-5158-2625-7
定　　价：59.90 元

服务热线：010-58301130-0（前台）
销售热线：010-58302977（网店部）
　　　　　010-58302166（门店部）
　　　　　010-58302837（馆配部、新媒体部）　　**工商联版图书**
　　　　　010-58302813（团购部）　　　　　　 **版权所有　盗版必究**
地址邮编：北京市西城区西环广场 A 座
　　　　　19-20 层，100044　　　　　　　　凡本社图书出现印装质量问题，
http://www.chgslcbs.cn　　　　　　　　　　请与印务部联系。
投稿热线：010-58302907（总编室）　　　　　联系电话：010-58302915
投稿邮箱：1621239583@qq.com

里　程

一九八零，
我走出村庄。
成为稀有的大学生，
开启了黄金里程。
师德师慧，
激活了木讷的我，
满心浪漫与憧憬。
一九八四，
步入政界。
浑身是胆，
东犁西耕。
风风雨雨，
周游了一番，
县乡市省。
二零一五，
转身央企。
领十万精兵，

与市场同行。

前行，前行，

还是不改，

那番淳朴的德行！

　　《历事悟道三千句》第八次修订，增加了《诗载心翔》。同时，我的《敬上远上的从政路》中的一些主要观点已摘入《历事悟道三千句》。

作者

2021 年 5 月

再版絮语

拙作《历事悟道三千句》被读者誉为"滋补思想的中药铺"，将第七次重版。

由原来的十一部分，增加到十二部分，新增内容200余句，都属于世界观、方法论范畴。其中，有一些内容在出版2008年版本时被删除，十年后的今天再读2008年版本，感到这些内容虽然表述不够精炼，但这些观点仍有价值，于是又拾了回来，并进一步做了提炼。

承蒙读者和相关机构的厚爱，该书已经由"微信读书"和一些大学图书馆、省图书馆上架和收藏，在此一并感谢！

原计划付梓的《史斋采金》《执政郡县》《诗载心翔》，将一并集于《敬上远上的从政路》。敬上远上是由我的秉性而导致的处事方式，敬上的方式是用工作业绩。工作之外的时间，大都用在思考、读书、写作上了。对于人生而言，从政只是一个篇章。

作者

2019 年 4 月

第六次出版卷首语

　　《历事悟道三千句》作者张作理博士，在政府、企业担任主要领导三十余年，在思中干，干中悟，形成了一些独特的观点，涵盖人生、事业、政治、经济、文化、社会、自然等领域，一句话一个观点，独创己风。曾有两位国家领导人和两位正部长给予作序，前外交部部长李肇星力荐此书。已经连续出版六次，被读者称为"滋补思想的中药铺"。细品之很受益。

新华社宁夏分社社长　孙　波

国家行政学院出版社原社长　陈炎兵

2017 年 1 月

前言

　　我的"滋补思想的中药铺"第六次"修缮"后又开张了，更名为《历事悟道三千句》。与前几版《思想是开山斧》《一句话感悟》的内容基本一致，但更名后的这版，对"货架"做了变更，"药材"内容也做了去粗取精，更重要的是又添了一些新"药"。

　　愿这个我亲自种、亲自采、亲自炮制，以身试"药"，亲自体验的"滋补思想的中药铺"，能为青年读者"养生保健"，尽微薄之力。

张作理

2017 年 2 月于宁夏

第一版《思想是开山斧》序言

张作理同志是一位从农村、从工厂、从大学、从基层走出来的干部。

在人生中，阅历丰富是难得的财富。阅历与思考结合起来，就容易积累智慧。

《思想是开山斧》中的很多观点是科学的，符合辩证唯物主义和历史唯物主义，读一读很有益。有些个别的观点，还需要商榷，还需要时间和实践进一步检验。

百花齐放、百家争鸣是我们党一贯的优良传统。这个小册子，有资格成为百花中的一簇，希望在争鸣中不断完美。

中共宁夏回族自治区党委书记

陈建国

2008 年 1 月

《思想是开山斧》修订版序言

　　《思想是开山斧》一书从内容到体例都有独到之处，思想性很强，且便于阅读，特别是有助于给读者更多的思考、论证空间，甚至有举一反三的收获。作理同志在工作中的创新精神与其思想基础、理论基础和实践阅历密切相关。各级干部在学习和实践中勤于思考，把感性认识及时提升到理性认识是一种很好的习惯。孔子讲"学而不思则罔，思而不学则殆"，我们也可以再补一句，"行而不思则浮沌"，所以勤于思考、勤于积累思想观点，于事业有利、于他人有利、于己有利。书中的大多数观点很精炼，有警句之功效，有少数观点尚需切磋，有的表达形式还可以再精炼，但我相信这本书是有生命力的，因为一切思想性的东西可以跨越时空。

宁夏回族自治区人民政府主席

王正伟

2009 年 6 月

解放思想与行动自由互为前提

——序张作理《一句话的感与悟》

    张作理同志当过农民、民办教师、农民工、车工、会计、经理、镇长、副县长、县委副书记、县委书记、地级市副市长、常务副市长、市长、全国人大代表……一步一步都不容易，一步步又都使他的哲学、政治经济学，乃至心理学思维不断拓展与升华，新的思想又让他为老百姓干好事有了更大的自由。他重视学习科学发展观，认为"价值观是理性行为的灯塔"。生命在于运动还是在于宁静，人们不知争论了多久。作理说："生命在于平衡。"这可能是他对中央关于要求要平稳较快发展的一种理解。

    执政为民，就要加快民主法制建设。作理提出"民主的首要问题是权力来源问题"，"人身依附关系越淡化，社会越进步"。一语中的。

    他鼓励人们不怕艰险，勇于改革，说"好的都是难的"，"要防止用实事求是的观念掩盖落后"，提倡"体验困苦，巩固善良"。

    他主张激情与智慧有机结合，说"情商是生产关系，智商是生产力"，"中庸即适度"，但"静态的中庸是不存在的"。

    他认为，做人和当官，应大公无私，"要做被骂的人，不做骂人的人"，"做事要猛，对人要慈"，不搞小圈子，不小心眼儿，要善于和敢于当机立断，"当十分有把握时，就已经失去机遇"……

事物都是辩证统一的。如中国走和平发展道路，又通过自己的发展更有力地维护和平。又如，我理解，自由是做法律所允许做的事情的权利，创新是做科学所允许做的事情的自由。

可见，有权不为不行，有自由不科学也不行。以史为鉴，包括以自己的阅历为鉴，国家和社会、集体和个人都一样，是为了现在和未来。从我国国情看，我们付出了历史性的代价才懂得了发展是硬道理、实践是检验真理的过程和标准、应以现代化建设为中心和谐发展等最简朴的理念，这些理念会科学地指导、规范我们的工作……

读一读这本文字短、新意多的书，有助于在劳作和思考中享有更大自由，从而可能给群众创造更多实惠。书中某些结论会引发辩争，这是本书值得一读的另一个理由：事理越辩越明，用行动和实效去验证则更好。

自强不息的要素是：思想不止，行动不止，思想与行动良性互动。

原外交部长，十一届全国人大常委、
全国人大外事委员会主任委员
李肇星
2010 年 10 月 1 日

《一句话感悟》第二版序言一

　　《一句话感悟》第二版是在 2008 年 7 月《思想是开山斧》、2009 年 8 月《思想是开山斧》增订版、2011 年 2 月《一句话的感与悟》的基础上，对目录、内容做了较大调整，有删减、修正和补充。书的所有内容来自我的《思想火花手记》和公开发表的文稿及各种会议、讲座上的讲稿，均为自己所感所悟。该版修订完成于法国的巴黎、第戎、里昂，德国的柏林、不莱梅，意大利的那不勒斯、罗马。

　　我的思维纺车已形成了惯性，我坚信将会纺出更满意的丝线。同时，我的《史斋采金》《悟哲秉灯》《执政郡县》《诗载心翔》也将结集付梓。我崇尚并践行百家争鸣，请读者斧正。

张作理

2012 年 4 月

《一句话感悟》第二版序言二

　　该版《一句话感悟》，已历经五次修订，略有增删。归为九大类，三十六个标题。由于知识和视野所限，难免坐井观天，奇谈怪论。请批评与争鸣。本版修订稿完成于西班牙巴塞罗那、马德里和芬兰赫尔辛基、库萨莫。

张作理

2014 年 2 月

目录

A　心理能量使人成为宇宙中目前可知的第一生灵

一、精神是由心力、志向、意志、毅力等主观因素释放出的
　　不可直接度量的暗能量 / 002

二、人要有崇拜之心，或崇拜他人，或被他人崇拜 / 005

三、人生和事业首先受价值观左右 / 007

四、使命是个人或领袖为人生或组织设计的社会角色及角色
　　价值 / 008

五、道德即行得通为道，人心平为德 / 012

六、心理能量主要来自情商 / 018

七、有了境界就会自然地派生思想和行为 / 021

B　人的能量大小取决于利用自然、利用社会的方式

一、宇宙是第一造物力 / 026

二、天一、地二、人三是大规律 / 029

三、人是社会的种子，社会是人的气候 / 037

四、直接的上司是最近的"天" / 040

五、让出一定的自由和利益，才能形成人与人的联合 / 043

六、协作是借力的智慧 / 045

七、人离开工具，能量不如飞禽走兽 / 049

八、科技是双刃剑，道德驾驭科技，科技才能保护人类 / 054

九、推动事物跨界融合，跨度越大，成分越复杂，创造的价
值越大 / 063

十、做总成，价值最高 / 070

十一、用平台放大能量，或寻找平台，或组建平台 / 072

C 知识能是开发自然能、社会能的主观条件

一、人的素质、气质与吸纳的信息量成正比 / 076

二、文、史、哲是一切事业的酵母 / 080

三、表达力、鼓动力是人的第一影响力 / 084

四、心理学是渗透领域最广泛的科学 / 090

五、用审美意识做事，才能把事情做美 / 095

六、专业知识是事业的潜水衣 / 098

七、见多识广是硬素质 / 100

D 除了宇宙力之外，最强大的力量是思想力

一、思想革命和技术革命是社会进步的导火索 / 104

二、历史在反思中前进 / 107

三、理论重于炮火 / 110

四、唯物论使你脚踏实地，辩证法让你智慧无穷 / 111

五、越是截然相反的事物，一旦跨界统一，将产生伟大的新事物 / 115

六、正反合是一切事物存在、发展、升华的规律 / 118

七、有关联才有矛盾，从矛盾的相对方想事、做事，更容易成事 / 120

八、数据意识是科学精神的前提 / 122

九、抓大事必须抓结构 / 124

十、生产方式是社会文明的本质标志 / 126

E 法律、制度、文化、风俗是人生的红绿灯

一、法律、制度是作用于人的工具 / 130

二、制度和谐是社会和谐的根本 / 133

三、防止过度依赖法制而失去政权根基 / 138

四、社会再造是正反合的规律，或官方改革，或民众革命，二者必具其一 / 141

五、改革要研究"人阻"，做新的增量是改革的高手 / 144

六、文化是民族、国家、组织的基因 / 146

F 历史已经进入人的品牌时代

一、职业品牌是成长为职业家的旗帜 / 152

二、合理定位才能顺利作为 / 154

三、专心就能致志 / 155

四、一个脑袋、一张嘴、一张脸皮、两条腿是平民创业的先

期资本 / 158

五、天助地助当然好，勤奋厚道最可靠 / 161

六、任劳立大功，任怨成大器 / 164

七、在自然温差或社会温差大的环境下孕育的事物才有成长
性 / 167

八、人生、经济、政治都要不断地用优质增量调存量 / 170

九、人生的价值轨迹是重大转折点的连线 / 172

十、机遇不会主动地向你走来 / 175

G 领导者是情商统领智商的专家

一、领导要指点方向、整合资源 / 182

二、远见是领导者的资本 / 188

三、阶段论是决策者的宝剑 / 192

四、重大决策要以智囊为基础、集体为保证、主帅为核心 / 194

五、战略是目标，方法是通道 / 198

六、号令千军万马必须标准先行，标准决定价值 / 204

七、放不下小事，就抓不住大事 / 205

八、工作艺术主要体现于工作程序和沟通方式 / 209

九、处置急难险重性突发事件考验着情商、道德和能力 / 212

十、号召加指导，工作才高效 / 214

十一、缓猛交替，必有盛世 / 217

十二、软弱是主帅的政治缺陷 / 220

十三、菩萨心、霹雳剑是优秀主帅的两件宝 / 223

十四、勇敢是成功的第一门槛 / 226

十五、团结是第一政局 / 231

H 释放他人的能量就是领导者的能量

一、分权意识强的人是帅才 / 238

二、识人用人是主帅的第一职责 / 243

三、道德、能力、性格是人岗匹配的三块基石，权重因岗而
异 / 247

四、职业通道越多，职业活力越强 / 253

五、管理对象、管理环境、管理者是管理的三大变量 / 256

I 官德厚实，官根扎实

一、政治明、经济清、作风正是三大官根 / 260

二、做官可以让人怕，但不能让人恨 / 263

三、倡明言才能防暗箭 / 267

四、高官谦和更伟大 / 270

五、以诚应万变，人生更稳健 / 272

J 企业在潜移默化地改造着社会

一、经济是否繁荣，社会是否繁华，取决于企业的数量和质
量 / 276

二、企业家是关键性生产力 / 278

三、管理的本质是算账 / 284

四、经营企业，首先要经营人 / 291

五、坚持严、细、恒，事业必有成 / 293

六、优秀的企业都是优秀的文化组织 / 295

七、以客户为中心，必须以产品为根本 / 297

八、品牌一要造，二要唱 / 300

九、经营信誉是企业可持续的纲 / 304

K 政府是人民的"股份公司"

一、服务是执政的资本 / 308

二、利益是社会的神经 / 310

三、社会问题影响政权根基 / 314

四、等级开放，社会向上 / 316

五、社会要稳，工农是根 / 318

六、从来没有救世主是简政放权的理论根据 / 322

七、发展经济要激活欲望、提升技术、规范行为 / 325

八、用专业化培育产业军 / 328

九、农村、农业是人类的永久阵地 / 329

十、优质的城市是优质生产要素的孵化器 / 334

十一、城市建筑是物化的露天史书 / 337

L 民族、国家、组织都需要战略家引领

一、着眼持久利益是战略谋划的第一原则 / 350

二、立足国家基因谋发展，国家才长治久安 / 354

三、工业的第一使命是制造工具 / 357

四、实体产业是国民经济之本源 / 359

五、教育孕育家族、民族未来 / 360

六、国家是人类族群的集团 / 362

七、军威是国威之基 / 363

M 诗载心翔

一、1980——2003 / 368

二、2004——2020 / 383

致谢 / 409

A

心理能量使人成为宇宙中目前
可知的第一生灵

一、精神是由心力、志向、意志、毅力等主观因素释放出的不可直接度量的暗能量

◆ 人的伟大在于跨界了自然和社会、精神和物质。

2015 年 7 月任神宁集团党委书记兼副董事长谈人的能量之源

◆ 中国是一个心文化国家。

2015 年 7 月任神宁集团党委书记兼副董事长谈人的能量之源

◆ 人，一半是自然，一半是社会。

2013 年 6 月任石嘴山市市长于芬兰学习谈人的本质

◆ 人既是生产力，又是生产关系。

2015 年 11 月任神宁集团党委书记兼副董事长谈人的万能性

◆ 人既是政治主体，又是经济主体。

2015 年 12 月任神宁集团党委书记兼副董事长谈人的万能性

◆ 人的奇特性在于物质支撑精神，精神支配物质。

2004 年 5 月任石嘴山市副市长谈人生

◆ 人是物质与意识的统一体。

2004 年 5 月任石嘴山市副市长谈人生

◆ 无论是人生、家族、民族用精神置换物质，用理想置换现实，才能行得远。

2016 年 11 月任神宁集团党委书记兼副董事长与青年职工

对话

◆ 心力何以强？人心纳万物也。

2018 年 10 月兼任宁夏能源协会会长读王阳明心学所感

◆ 潜意识是人的潜能之库。

2007 年 9 月任石嘴山市市长谈潜意识的价值

◆ 在逆境中升华才能伟大。

2017 年 2 月任宁夏人大常委会常委谈逆境是人生的十字路

◆ 心力不衰，地青天蓝。

2004 年 5 月任石嘴山市副市长与老领导通信

◆ 精神可以激活能力。

2007 年 10 月任石嘴山市市长对历史上成功者的思考

◆ 精神是人生的核动力。

2003 年 10 月任广饶县委副书记兼常务副县长谈人的特殊性在于精神性

◆ 自由的实质是时间自主和空间自主。

2007 年 10 月任石嘴山市市长谈马斯洛需求层次理论中自我价值实现的条件

◆ 财务自由与真实自由成正比。

2020 年 10 月兼任宁夏能源协会会长时谈财务自由

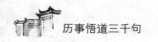

◆ 将帅不振，三军无气。

2007 年 10 月任石嘴山市市长对历史上成功者的思考

◆ 振奋才有正能量。

2012 年 6 月任石嘴山市市长谈有正能量就无绝人之路

◆ 振奋的精神可以释放无穷的力气，但不能把精神混同于力气。

2005 年 9 月任中共石嘴山市委常委兼平罗县委书记谈辩证法

◆ 用快乐的心做事，才能专注而持久。

2005 年 9 月任中共石嘴山市委常委兼平罗县委书记谈辩证法

◆ 崇拜心、使命感是重要的精神源。

2004 年 5 月任石嘴山市副市长谈人生

◆ 事业成功的人都是理想主义占主导的人。

2004 年 5 月任石嘴山市副市长谈人生

◆ 盯住辉煌的目标，就会忘记过程的痛苦。

2004 年 5 月任石嘴山市副市长谈人生

◆ 不怕面子受苦是成事的基础。

2017 年 2 月任神宁集团党委书记兼副董事长谈修炼

◆ 软件统领硬件是事物的重要规律。

2008 年 1 月任石嘴山市政府市长谈要用道德统领科技

◆ 一切动力都是由软物质转化的硬力量。

2006 年 9 月任中共石嘴山市委常委兼平罗县委书记谈自
然力、机械力、化学力、热力等动力现象

◆ 杀伤力最猛的是爆炸力，其能量是软气体。

2003 年 9 月任广饶县委副书记兼常务副县长谈辩证法

◆ 有形易控，无形难驭。

2017 年 6 月兼任神宁集团副董事长谈无形之物最危险

◆ 天时地利是共性，人和是个性。

2003 年 9 月任广饶县委副书记兼常务副县长谈人和是心
的力量

二、人要有崇拜之心，或崇拜他人，或被他人崇拜

◆ 崇拜他人，可能是未来被崇拜的因子。

2014 年 10 月任宁夏经济和信息化委员会主任谈信仰

◆ 崇拜是青少年立志的启明星。

2014 年 10 月任宁夏经济和信息化委员会主任谈信仰

◆ 崇拜是信念的形象化。

2014 年 10 月任宁夏经济和信息化委员会主任谈信仰

◆ 崇拜是人生价值观的初显。

2014 年 10 月任宁夏经济和信息化委员会主任谈信仰

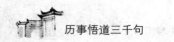

◆ 崇拜决定人生的方向、动力与价值。

2014 年 10 月任宁夏经济和信息化委员会主任谈信仰

◆ 始于崇拜而立志是人才成长的重要轨迹。

2014 年 10 月任宁夏经济和信息化委员会主任谈信仰

◆ 崇拜心是社会的正能量。

2015 年 11 月任神宁集团党委书记兼副董事长谈崇拜的价值

◆ 对身边人的崇拜是状元村、宰相村、将军村、地域商帮形成的重要动力。

2015 年 11 月任神宁集团党委书记兼副董事长谈崇拜的价值

◆ 见贤思齐，加速成器。

1989 年秋在山东省委党校二年制研究生班学习对群体意识的思考

◆ 引导孩子立志是家长、教师的首职。

2018 年 12 月兼任宁夏能源协会会长谈志笃而行随。

◆ 参照系影响作为。

1996 年秋在山东大学读博谈标杆启迪人生

◆ 空间、平台、环境与个人志向大小正相关。

2020 年 5 月兼任宁夏能源协会会长谈环境与志向

◆ 把自己托付给别人的人终将悲哀。

1984 年春在山东师大读本科时所悟

三、人生和事业首先受价值观左右

◆ 价值观是对人生境界的定位或认同。
2008 年 10 月在中央党校中青班学习谈世界观

◆ 价值趋向影响行为选择。
2001 年春在山东省委党校一年制中青班学习谈价值观的重要性

◆ 价值观驱心，方法论启智。
2005 年春任中共石嘴山市委常委兼平罗县委书记谈价值观的意义

◆ 价值观是动机，方法论是工具。
2005 年春任中共石嘴山市委常委兼平罗县委书记谈价值观的意义

◆ 世界观和价值观高于方法论。
2008 年 10 月在中央党校中青班学习谈世界观

◆ 世界观是对世界事物的判断或命题。
2008 年 10 月在中央党校中青班学习谈世界观

◆ 义为利之帅是中国几千年的义利观。
2013 年 6 月任石嘴山市市长谈义利关系是因果并非是矛盾

◆ 对义与利的偏好是道德的本质。
2013 年 6 月于芬兰学习有感

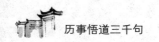

◆ 心正，事遂，人安。

2018 年 11 月兼任宁夏能源协会会长为良知企业管理研究院设计 Logo 所想

◆ 心是帅，才是将。

2019 年 4 月于国能宁煤集团兼任宁夏能源协会会长对稻盛和夫先生的人生方程式所感

◆ 长期价值主义者须以向善、行善为路标。

2020 年 1 月兼任宁夏能源协会会长为企业授课

◆ 解国、民之忧的企业才能在被拥戴中获利。

2020 年 1 月兼任宁夏能源协会会长谈企业如果只图利既艰难又无意义

四、使命是个人或领袖为人生或组织设计的社会角色及角色价值

◆ 使命感的核心是义，是大义与小义相统一。

2016 年 11 月任神宁集团党委书记兼副董事长谈使命

◆ 以义聚人，恒。

2016 年 11 月任神宁集团党委书记兼副董事长谈使命

◆ 使命感是始于义、利于世的责任感。

2003 年任广饶县任县委副书记兼常务副县长谈人生使命

◆ 使命一旦形成，物质或利润只是实现使命的条件。

2016 年 6 月任神宁集团党委书记兼副董事长谈有了使命就不会被当下利益所左右

◆ 命为志存、以命许志是使命的最高境界。

2003 年任广饶县委副书记兼常务副县长谈人生使命

◆ 使命的价值在于对内唤起心灵，对外感召社会。

2003 年任广饶县委副书记兼常务副县长谈人生使命

◆ 知识 30 年、智力 30 年、智慧 30 年应该成为人生的三级接力。

2016 年 9 月任神宁集团党委书记兼副董事长谈人生不同阶段有不同的价值支点

◆ 只有看到不变的东西，人生才有方向。

2018 年 6 月兼任宁夏能源协会会长谈看到不变方有定力

◆ 大向不变，过程微变是宇宙乃至万物运行的法则。

2020 年 5 月兼任宁夏能源协会会长谈宇宙存在着相对永恒

◆ 人人都有一本被社会或历史记录的人生账簿，记录者的身份与你的正负价值成正比。

2005 年春任中共石嘴山市委常委兼平罗县委书记谈人生是一本历史，是一个账簿，子孙、社会一定会为你圈点、盘点

◆ 人生的总价值取决于一生的价值链。

2017 年 6 月兼任宁夏人大常委、财经委副主任谈人生有多种价值段

◆ 社会角色与发挥潜能成正比。

2000 年秋任山东省委政研室处长谈角色与潜能的关系

◆ 境界影响目标，目标影响行为。

1995 年春任山东省委办公厅处长对大学生活的回忆

◆ 朋友影响人生。

1996 年 2 月任山东省委办公厅处长谈朋友

◆ 消费时间的方式不同，人生的价值不同。

2000 年冬任山东省委政研室处长对人生的思考

◆ 人最大的后悔是时间来不及了。

2004 年 8 月任石嘴山市市长谈时间的意义

◆ 从时间里淘金成本最低。

2005 年 10 月任中共石嘴山市委常委兼平罗县委书记与干部谈话

◆ 时间是弹性蓄电池，塞进去的"努力"越多，能量越大。

2000 年冬任山东省委政研室处长对人生的思考

◆ 时间是一切事物发展的基本条件。

2004 年 6 月任石嘴山市副市长对人生的哲学思考

◆ 人，唯一自主的资源是时间。

1984 年 5 月在山东师范大学读本科对利用时间与人生的思考

◆ 透支时间往往大器早成。

1988 年秋任中共莱西县委组织部干部科长谈平民奋斗

◆ 什么年龄做什么事，更容易成事。

2000 年 5 月在山东大学读博谈巧用年龄段

◆ 时代造就人生。

2020 年 12 月兼任宁夏能源协会会长谈人物是历史的产物

◆ 时代是社会、自然之众力在正反各演进中形成的新时空。

2000 年 5 月在山东大学读博谈巧用年龄段

◆ 唯有功业储时光。

2013 年 9 月任宁夏经济与信息化委员会主任参加宁夏全区观摩会有感

◆ 既要讲时运，因时而运；又要讲事运，因事而运。

2016 年 10 月任神宁集团党委书记谈事运可以弥补时运

◆ 是雄鸡就要报晓。

1984 年 5 月于山东师范大学中文系毕业前的思考

◆ 奋斗信志，结局由命。

2020 年 12 月兼任宁夏能源协会会长谈天力大于人力，奋斗在人，成事在天

◆ 在未知大于已知的宇宙中感性价值大于理性价值。

2020 年 12 月兼任宁夏能源协会会长谈感性的功能

◆ 在未知大于已知的宇宙中偶然多余必然。

2020 年 12 月兼任宁夏能源协会会长谈偶然影响事态

五、道德即行得通为道，人心平为德

◆ 好善忘势，厚义薄利，济人济世，自省自励。

2019 年兼任宁夏能源协会会长谈如何经营平安的人生

◆ 仁和美是道德的最高境界。

2017 年 7 月兼任神宁集团副董事长感稻盛和夫"人何为正确"

◆ 仁在无需智。

2016 年 10 月任神宁集团党委书记兼副董事长谈道德是最大的智慧

◆ 利他为先是人生的大道。

2017 年 10 月兼任神宁集团副董事长谈达人达己

◆ 独我不生。

2009 年 6 月任石嘴山市市长谈人既是大自然的生物链之一，又是社会的生物链之一

◆ 以自我为中心是万事难成的天堑。

2019 年 4 月兼任宁夏能源协会会长谈利他方利己，共赢

方共生

◆ 精神是动力，道德是路标。

1996 年 10 月任山东省委政研室处长谈道德与精神互为条件才能有正价值

◆ 道德决定着才华施展的历史长度和空间跨度。

1996 年 10 月任山东省委政研室处长谈道德是才华的根茎

◆ 谦，爻爻利，事事吉。

2009 年 6 月任石嘴山市市长谈谦者让，让者吉

◆ 人生、事业、家族、组织长盛的根源在于达人而达己的道。

2017 年 7 月兼任神宁集团副董事长谈道即达人而达己的规律

◆ 道德是无形的卫士。

2003 年 7 月任广饶县委副书记兼常务副县长谈道德与人生

◆ 人的一切行为，无论善恶，都在打造人生的硬币，一面给了社会，一面留给了自己。

2003 年 7 月任广饶县委副书记兼常务副县长谈道德与人生

◆ 聪明肤浅，道德深沉。

2003 年 7 月任广饶县委副书记兼常务副县长谈道德与人生

◆ 个人的素质决定察人观事的视角。

2019 年 4 月兼任宁夏能源协会会长读《京瓷哲学》所感

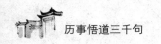

◆ 人心平是成事的小环境。

1996 年 10 月任山东省委政研室处长谈人心平则人阻少、行事顺、成本低、存续久

◆ 正气无畏，故邪不压正。

1996 年 10 月任山东省委政研室处长谈道德与勇气互为条件才能有正价值

◆ 孝和良心是道德的底线。

1996 年 10 月任山东省委政研室处长谈道德

◆ 良心是长治久安的巢，对外避险，对内心安。

2016 年 9 月任神宁集团党委书记兼副董事长谈歌曲《良心》的创作动机

◆ 良心神灵，将心比心良心就来，换位想想良心就生。

2015 年 7 月任神宁集团党委书记兼副董事长所作歌曲《良心》的歌词

◆ 良心延续良缘。

1996 年秋在山东大学读博对处事与做人的思考

◆ 道德沦丧是人的自为天敌。

2015 年 11 月任神宁集团党委书记兼副董事长谈人的天敌

◆ 可靠是人品的核心。

2015 年 2 月任宁夏经济和信息化委员会主任谈可靠包括政治可靠、能力可靠

◆ 感情账户含金量最高。

2009 年 8 月任石嘴山市市长谈交友不能成为交易

◆ 行为一旦用货币交换就失去了真情。

2009 年 8 月任石嘴山市市长谈交友不能成为交易

◆ 感情在循环中增值。

2003 年 4 月任广饶县委副书记兼常务副县长谈人际交往

◆ 道德与能力是人生的左右盲杖。

1996 年秋在山东大学读博谈人生

◆ 德行和能力是赢得信任的两大硬件。

2003 年冬任广饶县委副书记兼常务副县长谈干部素质

◆ 人的品牌可以跨时空整合社会资源。

2007 年 10 月任石嘴山市市长对历史上成功者的思考

◆ 诚信和货币都是社会交换的媒介。

2014 年 5 月任宁夏经济和信息化委员会主任谈诚信的
价值

◆ 信誉取胜可步步为营。

1995 年春任山东省委办公厅副处长对青岛市一私立医院
社会美誉的思考

◆ 美誉度越大，活动空间越大。

2007 年 11 月任石嘴山市市长赴美学习途中有感于安检

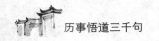

◆ 始于利他而利己，生生不息。

2014 年 9 月任宁夏经济和信息化委员会主任谈人与社会的关系

◆ 施恩图报，功德不高。

2001 年冬在山东省委党校一年制中青班学习谈道德

◆ 道德的背后是科学。

2015 年 12 月任神宁集团党委书记谈人类不可乱伦的道德规范

◆ 在既定生产力下道德决定着社会文明。

1992 年冬任山东省委办公厅人事处秘书对科技负功能的思考

◆ 道德力是治家治国的长治久安之力。

2006 年 2 月任平罗县委书记谈实施"六个一"工程

◆ 用道德开路，方能步步为营。

2016 年 11 月任神宁集团党委书记谈道德的能量

◆ 只予人利益，不予人尊严乃是道德的缺陷。

2019 年 9 月兼任宁夏能源协会会长谈既予利又予尊严才是道德的全貌

◆ 若发迹史肮脏其富贵与遗臭成正比。

2020 年春兼任宁夏能源协会会长读史有感

◆ 事物的能量正负对等并存。

2014 年任宁夏经济和信息化委员会主任在自治区党校讲

课谈互联网的正负能量

◆ 修养的目的是适应环境，共存共生。

1996 年 6 月任山东省决策咨询中心主任谈修养

◆ 自鉴、他鉴都是修养的雕刀。

1996 年 6 月任山东省决策咨询中心主任谈修养

◆ 修养需要与本能反其道而行之。

2008 年 12 月在中央党校中青班学习谈人生修养

◆ 自律则熵减而有序，有序利生。

2020 年 3 月兼任宁夏能源协会会长谈放任则熵增而无序，无序趋亡

◆ 付出是道德修养的基础。

2005 年 4 月任平罗县委书记谈领导干部形象

◆ 人与人的"磁化"是修养的捷径。

2015 年 12 月任神宁集团党委书记谈交友

◆ 掩饰本能是一种文明。

2004 年夏任石嘴山市市长谈修养

◆ 修养和艺术体现于细节。

2007 年 10 月任石嘴山市市长谈细节成功和修养

◆ 守正是出奇的底线。

2010 年 7 月任石嘴山市市长谈改革一旦方向错误就失去

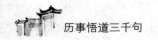

了自主的机会

◆ 原则是太阳，灵活是月亮。

2000 年春在山东大学读博为鲁电变压器厂培训

◆ 法律是专业的猫，犯罪是业余的鼠。

2007 年 10 月任石嘴山市市长谈违法违纪随时都可能鼠投猫怀

◆ 法纪是一张守株待兔的电网。

2007 年秋任石嘴山市市长对一些现象的思考

◆ 思想灌输的过程就是导向的过程。

2016 年 10 月任神宁集团党委书记兼副董事长谈软功才能长效

◆ 思想工作的特质是争取人心的工作。

2016 年 10 月任神宁集团党委书记兼副董事长谈软功才能长效

六、心理能量主要来自情商

◆ 情商是没有技术优势的人走向成功的第一资本。

2018 年 7 月兼任宁夏能源协会会长谈成长与情商

◆ 情商是一种向上的精神力。

2008 年 10 月在中央党校中青班学习谈情商

◆ 激情是知行合一的精神动力。

2018 年 1 月兼任宁夏能源协会会长谈激情是精神的重要内容

◆ 耐挫折是重要的情商。

2013 年 8 月任宁夏经济和信息化委员会主任谈工作

◆ 意志是最高的素质。

1996 年春于山东大学读博谈情商

◆ 意志需要策略去实现，策略需要智慧去产生。

2000 年秋任山东省委政研室处长谈智勇关系

◆ 英表现为智，雄表现为勇。

2000 年秋任山东省委政研室处长谈英雄的本义

◆ 用乐观对待未知是大智。

2019 年 4 月兼任宁夏能源协会会长谈好心情是好人生的动力

◆ 智商是种子，情商是土壤。

2008 年 11 月任石嘴山市市长谈情商

◆ 情商决定着帅才的能量。

2005 年春任中共石嘴山市委常委兼平罗县委书记谈情商与智商的关系

◆ 情商更有利于事业和健康。

2018 年 9 月兼任宁夏能源协会会长谈情商来自修炼，智商来自先天

◆ 平静是一种自制的情商。

2012 年 4 月任石嘴山市市长谈平静出艺术

◆ 若把心思用在抱怨与消极上，就会消耗进取的能量。

2019 年 4 月兼任宁夏能源协会会长时谈心存感恩之心就会驱赶不满和牢骚

◆ 情商越高，事业越大。

1998 年 5 月任山东省委政研室处长谈情商

◆ 智商为情商服务是重要的人才规律。

2017 年 7 月兼任神宁集团副董事长谈企业领袖的特征

◆ 情商是元帅，智商是将军。

2004 年 5 月任石嘴山市市长谈情商之地位

◆ 决心不铁，标准不高，手段不硬，则做不成大事，干不成好事。

2007 年冬任石嘴山市市长对自治区领导指导工作有感

◆ 推动发展的"骂名"一时越大，历史对你的记忆越深。

2011 年 2 月任石嘴山市市长谈要大力度推动工作

◆ 无顾忌就会走向反面。

2014 年 11 月任宁夏经济和信息化委员会主任谈人要敬畏社会

◆ 善于碰硬，要先礼后兵。

2013 年 7 月任宁夏经济和信息化委员会主任谈如何碰硬

◆ 让思想阵痛是政治保健。

1999 年在山东大学读博谈互动与交流对领导活动的意义

◆ 批评与自我批评，是无形的"手术刀"。

1999 年秋在山东大学读博谈工作方法

◆ 练面子、练脑子、练行动是成大事的三个基本功。

2016 年 9 月任神宁集团党委书记谈修养

◆ 自我降调，情商即到。

2016 年 9 月任神宁集团党委书记谈修养

◆ 情商需要在合作中历练。

2017 年 5 月兼任神宁集团副董事长为企业授课

七、有了境界就会自然地派生思想和行为

◆ 心性是行为之根。

2004 年 5 月任石嘴山市副市长谈心性是道

◆ 大格局图胜于终点，小格局图胜于眼前。

2018 年 7 月兼任宁夏能源协会会长谈格局

◆ 境界既来自天性，又来自修养。

2010 年 2 月任石嘴山市市长谈素质与人生

◆ 君臣同治，才能大治。

2007 年 8 月任吴忠市常务副市长读史有感

◆ 面对有限的选择，只能改造，不宜抱怨。

2005 年 6 月任平罗县委书记谈现实与继承

◆ 划小圈子，成不了大事业。

1988 年冬任莱西县委组织部干部科长谈领导科学

◆ 雄才大略者包容。

2003 年秋任广饶县委副书记兼常务副县长读《汉武帝》有感

◆ 对人要包容，谋事要远见。

2005 年 2 月任石嘴山市副市长兼平罗县委书记谈官员素质

◆ 解决矛盾的力度、效率决定发展的速度。

2015 年 6 月任宁夏经济和信息化委员会主任谈发展要突破瓶颈

◆ 志向支配情绪。

2005 年 2 月任石嘴山市副市长兼平罗县委书记谈自我调节情绪

◆ 能方能圆，事业无限。

2012 年 2 月任石嘴山市市长谈自诫

◆ 在多元的社会，和谐主要靠包容来实现。

2012 年 4 月任石嘴山市市长对和谐的再认识

◆ 音乐美是因为多音阶的和谐统一。

2020 年春兼任宁夏能源协会会长谈差异是美的前提

◆ 目标要方，途径要圆。

2012 年 5 月任石嘴山市市长谈工作

◆ 将心比心，才能发现自己的问题。

2000 年春任山东省委政研室处长读《道德经》有感

◆ 敬可以置换他人的资源。

2009 年 6 月任石嘴山市市长谈尊重他人，无本万利

◆ 温和弱化防御。

1989 年秋任中共莱西县委组织部干部科长在山东省委党校二年制研究生班学习对群体意识的思考

◆ 贴切的表扬可以拉近人的距离。

1989 年秋任中共莱西县委组织部干部科长在山东省委党校二年制研究生班学习对群体意识的思考

◆ 礼仪即为礼而仪。

1988 年 10 月任中共莱西县委组织部干部科长在山东省委党校二年制研究生班谈礼仪与文明

◆ 待人接物折射人和组织的深层素质。

2008 年秋任石嘴山市市长谈接待工作

◆ 先做客人才会做主人。

2008 年秋任石嘴山市市长谈接待工作

◆ 做人做事都要体现反差美。

2010 年 4 月任石嘴山市市长谈反差美给人的印象更深

◆ 艺高气平，能者不燥。

1996 年春任山东省委政研室处长谈能者不燥

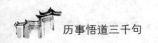
◆ 自吹者必招摇。

2003 年 6 月任广饶县委副书记兼常务副县长与干部谈话

◆ 内虚者多作势。

2000 年 1 月任山东省委政研室处长谈智者平静

◆ 升华要从平淡开始。

2003 年夏任广饶县委副书记兼常务副县长自励

◆ 气质的灵魂是自然。

2001 年夏在山东省委党校一年制中青班学习谈过谦损伤气质

◆ 退回原点看事情，看人生，一切迷茫会自明。

2019 年 4 月兼任宁夏能源协会会长再读稻盛和夫哲学所感

◆ 每个人的未来都是未知数，悲观者苦，乐观者乐。

2008 年 7 月任石嘴山市市长谈乐观者心路阳光

B

人的能量大小取决于利用自然、
利用社会的方式

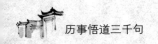

一、宇宙是第一造物力

◆ 力量是秩序之手。

2020 年 7 月兼任宁夏能源协会会长对宇宙秩序的思考

◆ 宇宙秩序是力量竞争的定势。

2007 年 11 月任石嘴山市市长谈能量决定一切

◆ 在宇宙的时空中思与想，人心就会平静。

2007 年 11 月任石嘴山市市长对人与天、地关系的思考

◆ 宇宙规律是一切自然规律的本源。

2007 年 11 月任石嘴山市市长对人与天、地关系的思考

◆ 敬宇宙，法天地是人类永恒的主题。

2019 年 2 月兼任宁夏能源协会会长读《道德经》所感

◆ 在共性条件下，个性决定能否生存或成功。

2018 年 7 月兼任宁夏能源协会会长谈宇宙和历史潮流只创造共性

◆ 一切生命，都是能量不断转换、循环的过程。

2010 年 10 月任石嘴山市市长谈生物现象

◆ 圆或椭圆或许是万物的基态。

2020 年兼任宁夏能源协会会长谈对称态和圆态可能是万物的基态（微观角度）

◆ 圆则无界。

2020 年 10 月兼任宁夏能源协会会长谈圆是万物运动的方式

◆ 太阳系的物质都以太阳的能量为转移。

2008 年 10 月在中央党校中青班学习听生命科学讲座有感

◆ 奇特的地貌，必有奇特的资源。

2005 年冬任中共石嘴山市委常兼平罗县委书记对西部地区的思考

◆ 人类面对七分海三分陆，海水之成分，是人类可持续的宝库。

2011 年 9 月任石嘴山市市长对人类面临资源制约的思考

◆ 开发其他星球，是必然的趋势。

2007 年 11 月任石嘴山市市长参观美国航天馆对人类生存空间的思考

◆ 大均衡是天道。

2000 年春在山东大学读博谈万事万物趋于平衡是自然属性

◆ 损有余补不足，既是社会规律，也是自然规律。

2008 年 9 月在中央党校中青班学习谈自然规律

◆ 大自然最终要征服小自然。

2004 年 10 月在石嘴山市副市长谈物质的质量决定物质的能量

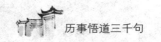

◆ 大自然的禀赋，诱导着生物行为。

2003 年 7 月任广饶县委副书记兼常务副县长考察苏杭后的报告

◆ 生态决定生物，生物影响生态。

2008 年 1 月任石嘴山市市长谈生态建设

◆ 智慧的最高境界是利用自然力。

2010 年 7 月任石嘴山市市长谈科技的方向

◆ 人类将进入返璞归真和遵循利用自然能量的新时代。

2011 年 12 月任石嘴山市市长谈人类行为的否定之否定规律

◆ 太阳能、风能、海能，是人类取之不竭的能量。

2007 年 11 月任石嘴山市市长参观美国航天馆的思考

◆ 宇宙中的电磁、空气都是无限的资源。

2013 年 6 月任石嘴山市市长于芬兰学习谈电磁和空气的价值

◆ 气候是独特的资源。

2015 年 11 月任神宁集团党委书记兼副董事长谈资源无处不在

◆ 自然造化的是最美最和谐的。

2008 年 9 月在中央党校中青班学习谈自然的奇妙性

◆ 天然与自然，是培育事物的最佳环境。

1999 年秋在山东大学读博谈自然性的意义

◆ 越高贵则越脆弱。

2020 年 6 月兼任宁夏能源协会会长谈法自然者坚强

二、天一、地二、人三是大规律

◆ 政治、经济、社会、自然，四大规律是矛盾的，自然规律第一。

2007 年 11 月任石嘴山市市长在美国学习的思考

◆ 权利终究要向科技低头。

2020 年 2 月兼任宁夏能源协会会长有感疫情

◆ 在自然状态下生命体向益己进化。

1999 年秋在山东大学读博谈自然性的意义

◆ 生物是最美的造化。

2017 年 6 月任神宁集团党委书记兼副董事长谈生物美

◆ 生态，即人类赖以生存的天和地。

2008 年 1 月任石嘴山市市长谈生态、生产、生活协调发展

◆ 科学和艺术的最高境界是仿生。

1996 年春在山大学读博对科技现象的思考

◆ 择优质水源而居，是健康的第一条件。

2001 年 2 月在山东省委党校一年制中青班学习谈人类择居

◆ 财富短暂，山水万年。
2013 年 6 月任宁夏经济和信息化委员会主任在芬兰谈产业

◆ 对生命而言，纵有钱万贯，不如二亩田。
2010 年 5 月任石嘴山市市长谈农业是人类生命的基石

◆ 天人感应，既是信息科学，又是生态科学。
2007 年 11 月任石嘴山市市长对汉代董仲舒天人感应论的
再认识

◆ 生物之间有相通的规律。
2004 年 5 月任石嘴山市副市长谈生命体

◆ 顺其自然，即接近了规律。
2002 年秋任山东省决策咨询中心主任为山东农业大学干
部培训

◆ 自然规律，即自调节规律。
2006 年 6 月任平罗县委书记对自然规律本质的认识

◆ 顺天循人是至高的智慧。
2006 年任平罗县委书记谈最大的借力是借天势与借人力

◆ 天是物质的，气候是天的一部分。
2008 年 2 月任石嘴山市市长谈对天的认识

◆ 天异，地必异。
2008 年 5 月任石嘴山市市长谈地震与宇宙的关系

◆ 植物链和动物链都是天然的良性循环的生物化工链。

2007 年 11 月任石嘴山市市长对人与天、地关系的思考

◆ 动植物摄入的质量，决定其产出的质量。

2001 年 4 月在山东省委党校一年制中青班学习谈摄入决定产出

◆ 养分相同的条件下产量与质量成反比。

2008 年 10 月任石嘴山市市长在中央党校中青班学习谈物质守恒

◆ 生态环境既是人类的襁褓又是人类的杀手。

2007 年 11 月任石嘴山市市长谈生态是国家和地区未来的核心竞争力

◆ 人是一个有机、完整、神秘的小"天体"。

2008 年 11 月任石嘴山市市长谈为何活人让人亲和，亡人让人畏惧

◆ 天有气象，人有体候。

2010 年 7 月任石嘴山市市长谈人是小自然体

◆ 生命在于平衡。

1992 年冬任山东省委办公厅秘书二室秘书谈"生命在于运动"是手段，平衡是目的

◆ 环境催生或弱化能力。

2007 年 11 月任石嘴山市市长在美国华盛顿对语言环境

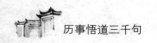

的感悟

◆ 净化环境，可以净化人们的行为。

1996 年秋在山东大学读博谈环境影响心态和胸怀

◆ 高雅的环境催生高雅的行为。

2001 年 2 月在山东省委党校一年制中青班学习谈人与环
境互化

◆ 音乐导人心。

2016 年 9 月任神宁集团党委书记兼副董事长谈歌谣是以
人为载体的文化

◆ 轻音乐柔化心灵，舒缓情绪。

1999 年秋在山东大学读博谈人群汇聚的地方有轻音乐流
淌有利于和谐

◆ 豪迈的鼓乐有助于冲锋陷阵。

1999 年秋在山东大学读博再谈文化的靶向是心灵

◆ 环境体验，触及心灵。

1987 年春任莱西县孙受乡党委组织委员对领导科学的思考

◆ 体验困有利于巩固善良。

2007 年 5 月任吴忠市委常委、常务副市长感悟人生

◆ 氛围可以形成场的势能。

2017 年 5 月兼任神宁集团副董事长谈文化建设要营造
氛围

◆ 体力劳苦有益健康，心境困苦生命不长。

2006 年 11 月任中共石嘴山市委常委兼平罗县委书记讲健康

◆ 体力劳动，既养心又养体。

2006 年 11 月任中共石嘴山市委常委兼平罗县委书记谈身
体苦生命长

◆ 体气互生，智神并蒂。

2000 年春在山东大学读博对人的气质与体质、知识之间
关系的思考

◆ 有机的东西越用越好。

2008 年 9 月在中央党校中青班学习晨练有感

◆ 肌体运动是身体生化代谢的动力。

2018 年 8 月兼任宁夏能源协会会长谈运动是生化的源
动力

◆ 任何医术也抵不过造物主给予的先天机理。

2020 年秋兼任宁夏能源协会会长谈神奇的造物主

◆ 精神可以激活生理。

2018 年 8 月兼任宁夏能源协会会长谈精神与健康

◆ 疾病是一面心灵的镜子。

2017 年 5 月兼任神宁集团副董事长谈疾病与心理相关

◆ 精神衰退则一切衰变。

2020 年兼任宁夏能源协会会长谈精神是人的催化剂

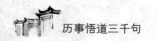

◆ 奋斗式幸福让人升华，安逸式幸福让人退化。

2018 年 11 月兼任宁夏能源协会会长谈精神与外在刺激成正比

◆ 人的本能，不倡则行，不纠则纵。

1997 年秋任山东省委政研室处长谈行为心理

◆ 安则静、危则动是基本的人性。

1988 年秋在山东省委党校二年制研究生班学习对领导科
学的思考

◆ 绿色养心。

2011 年 4 月任石嘴山市市长谈人是亲绿的动物

◆ 自然环境和饮食结构造就人的性格。

2002 年秋任山东省委政研室处长对人的性格的分析

◆ 循阴阳顺四时是借天保健。

2001 年 2 月山东省委党校一年制中青班学习谈吃顺季节
的食物有益天人互补

◆ 二十四节气是养生的坐标系。

2009 年 3 月任石嘴山市市长谈节气是统计规律

◆ 扩开汗腺是最佳的保健。

2006 年 11 月任中共石嘴山市委常委兼平罗县委书记对运
动与保健的思考

◆ 深呼吸既能屏闭杂念又能调节气息。

2006 年 11 月任中共石嘴山市委常委兼平罗县委书记谈深

呼吸养生

◆ 热可以打通脉络。

2019 年 2 月兼任宁夏能源协会会长谈热量是重要的催化力

◆ 动既是生命的原力又是生命特征。

2017 年 2 月任宁夏人大常委、财经委副主任谈动则阳气生

◆ 运动生阳气是运动健康的机理。

2018 年 6 月兼任宁夏能源协会会长谈运动生阳，阳是生命气化的能量

◆ 摄入、消化、平衡，是健康的循环链。

2008 年 10 月在中央党校中青班学习谈过分节食影响健康

◆ 享受代替不了生活。享受是间歇的，生活是规律的。

2017 年 10 月兼任神宁集团副董事长谈物欲伤身心

◆ 人与大自然贴得越紧越长寿。

2001 年 2 月在山东省委党校一年制中青班学习谈人与自然

◆ 精神可能是一种生物电波，生物电波是物质。

2012 年 12 月任宁夏经济和信息化委员会主任谈精神可能是微物质的外现

◆ 灵魂即精神，精神垮，灵魂飞。

2013 年 6 月任宁夏经济和信息化委员会主任于芬兰考察所感

◆ 未来科学可能会证明心主情、脑主智。

2006 年 2 月任中共石嘴山市委常委兼平罗县委书记对新闻报道一老者换成青年人心脏之后行为反常的思考

◆ 未来科学可能会证明大脑的智慧由心电波支配。

2006 年 2 月任中共石嘴山市委常委兼平罗县委书记谈人的神秘性

◆ 愉悦和平静有利于开启智慧。

2006 年 2 月任中共石嘴山市委常委兼平罗县委书记谈精神是人的特质

◆ 人的生命力的生发在于昼小生，夜小死，而阴阳互生。

2007 年秋任石嘴山市市长谈睡眠是养生之本

◆ 人之初，性本善，越老越善。

2007 年 5 月任吴忠市委常委兼常务副市长感悟人生

◆ 精神调养应该成为中医重要领域。

2018 年 8 月兼任宁夏能源协会会长谈精神疗法与中医

◆ 乐观的积累量决定健康。

2020 年 7 月兼任宁夏能源协会会长谈乐观与健康

◆ 精神养生重于机械的运动养生。

2018 年 8 月兼任宁夏能源协会会长谈精神可以激活生理机制

◆ 选择替代项是最好的精力转移。

2020 年夏兼任宁夏能源协会会长谈如何让当下的精力尽

快转移

三、人是社会的种子，社会是人的气候

◆ 宇宙体系都是公转与自转的统一，自转跟随公转。

2020 年 6 月兼任宁夏能源协会会长谈人法天，人和组织也应在公转的前提下自传

◆ 事物的价值在于关联，失去关联就失去价值。

2017 年 7 月兼任神宁集团副董事长谈世界是事物及其关系的集合

◆ 合群是动物的天性，也是人的本能。

2013 年 6 月任石嘴山市市长于芬兰考察所感

◆ 每一个人都生活在天、地、人大系统之中，没有绝对的自由。

1999 年秋在山东大学读博谈人受环境的制约

◆ 与大趋势共舞才能分享大趋势的红利。

2015 年 7 月任神宁集团党委书记兼副董事长谈《庄子》劝学之理

◆ 善观善用大趋势者大智，巧遇巧融大趋势者大运。

2015 年 7 月任神宁集团党委书记兼副董事长谈顺势省力

◆ 人的成长通道是成长速度的重要变量。

2013 年 10 月在中欧国际工商学院 EMBA 班学习时的思考

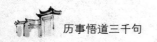

◆ 小环境对人生的影响更直接。

2000 年春于山东大学读博谈成败与小环境直相关

◆ 要生存或改造环境，或适应环境，必具其一。

1996 年 6 月任山东省决策咨询中心主任谈人要适应环境、改造环境、创造环境

◆ 借力者生，孤力者败。

1989 年秋任中共莱西县委组织部干部科长为莱西县中小学校长班培训

◆ 联接生成系统，系统产生威力。

2016 年 4 月任神宁集团党委书记兼副董事长为中青班授课

◆ 求人的过程既是整合资源的过程，也是交友识友的过程。

2000 年冬任山东省委政研室处长谈人要善于利用和整合社会资源

◆ 人群是万能的社会土壤，种瓜得瓜，种豆得豆。

2003 年秋任广饶县委副书记兼常务副县长对群众基础的思考

◆ 人脉比物质更可持续。

2010 年 8 月任石嘴山市市长在深圳考察有感

◆ 每个人都生活在社会网结之中。

1989 年秋在山东省委党校二年制研究生班学习对社会现象的思考

◆ 互补是生物生存的规律。

1998 年秋在山东大学读博与临沂真情集团交流发言

◆ 万物间互利才能共生。

2020 年 9 月兼任宁夏能源协会会长谈相互服务的关系才是可持续的关系

◆ 友谊在麻烦中产生和加深。

2003 年冬任广饶县委副书记兼常务副县长谈要突破交往中的心理障碍

◆ 交往的频率影响友谊。

2003 年 4 月任广饶县委副书记兼常务副县长谈频率影响距离，距离影响情感

◆ 交往是感情和需求的相互交换。

2012 年 5 月任石嘴山市市长谈交往是人以群分的过程

◆ 感情只有循环才能增值。

2018 年 10 月兼任宁夏能源协会会长谈循环与增值成正比

◆ 与成功者交流会提升情商。

2005 年春任中共石嘴山市委常委兼平罗县书记与企业家交流

◆ 与故友交往有益心理健康。

2007 年 8 月任吴忠市委常委兼常务副市长谈人要重历史感情

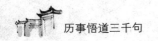

◆ 大的行为要为三代着想。

2013 年 6 月任宁夏经济和信息化委员会主任在芬兰考察有感

◆ 三代职业各异才能延长家族兴旺的周期。

1996 年秋在山东大学读博为富尔达集团培训

◆ 婚姻是家族的战略。

2006 年秋任中共石嘴山市委常委兼平罗县委书记对家庭现象的思考

◆ 门当户对是心灵的匹配。

2014 年 5 月任宁夏经济和信息化委员会主任谈后代婚姻

◆ 育子是投入产出比最高的家业。

2016 年 3 月任神宁集团党委书记兼副董事长谈家业

四、直接的上司是最近的"天"

◆ 机构代表人是机构的化身。

2013 年 6 月任宁夏经济和信息化委员会主任于芬兰考察有感

◆ 一把手掌控着主动权和制高点。

2013 年 6 月任宁夏经济和信息化委员会主任于芬兰谈一把手处于一夫当关之位

◆ 人与人之间的信息要有呼有应，有始有终，首尾闭环。

2010 年秋任石嘴山市市长与秘书谈话

◆ 时代是大天时，上司是小天时。

2018 年 6 月兼任宁夏能源协会会长谈小天时是直接的政治环境

◆ 地利长在，天时不长在，大机遇取决于时代。

2017 年 6 月在神宁集团党委书记兼副董事长谈天时、地利、人和

◆ 礼邻敬上，功业有常。

1999 年秋在山东大学读博谈尊重上司

◆ 对周边人多一分敬畏，则多一分修养。

2007 年 8 月任吴忠市委常委兼常务副市长谈要尊重所有人

◆ 彰显性格则彰显不了任何价值。

2007 年 8 月任吴忠市委常委兼常务副市长谈不可任性

◆ 任性是人性的陷阱。

2020 年兼任宁夏能源协会会长谈任性之害

◆ 多分析、研究、反省自己，做人做事会更明智、更和谐、更顺利。

2003 年 12 月任广饶县委副书记兼常务副县长谈修养

◆ 认同可以拉近人与人的距离。

1989 年秋在山东省委党校二年制研究生班学习对群体意识的思考

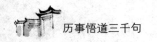

◆ 互制才能升华。

2003年2月任广饶县委副书记兼常务副县长谈相互制约才能相互提高

◆ 动力与制动是前进必俱的二元力。

2020年春兼任宁夏能源协会会长谈阴阳互济才能产生事物的价值

◆ 敬畏之心乃吉利之兆。

2003年2月任广饶县委副书记兼常务副县长谈放肆是祸源

◆ 人际和谐是最大的享受。

1999年秋在山东大学读博谈和谐

◆ 交往、交流是解决信息不对称的基本方法。

2011年2月任石嘴山市市长谈信息阵地A不占领，B就会占领

◆ 密切，因密而切。

2003年冬任广饶县委副书记兼常务副县长谈交往中的心理规律

◆ 用痛苦表达感情往往是真诚的。

2020年3月兼任宁夏能源协会会长谈情感有真假

◆ 不打不成交，取决事后如何交。

2003年8月任广饶县委副书记兼常务副县长谈化被动为主动

◆ 避免误解是高人，化解误解是能人。

1987年春任莱西县委组织部干部科长自警

◆ 任何角色都有权利和义务，不可择其一。

2006年8月任中共石嘴山市委常委兼平罗县委书记论苦与乐、身份与责任

◆ 两份客观一份主观是事业成功的条件。

2010年2月任石嘴山市市长与干部谈话

◆ 矛盾双方的胜负有时取决于第三方。

2006年冬任中共石嘴山市委常委兼平罗县委书记谈胜负有时取决于第三方因素

◆ 中庸是成事的第三条路线。

2020年7月兼任宁夏能源协会会长谈左右中都是做事的路径

五、让出一定的自由和利益，才能形成人与人的联合

◆ 让别人赢一点，修养与亲和力就多一点。

2006年3月任中共石嘴山市委常委兼平罗县委书记谈工作艺术

◆ 将心比心，做事舒心。

1996年春任山东省决策咨询中心主任为烟台市企业经理培训班培训

◆ 很多人赢了一阵子，输了一辈子。

1997 年 6 月在山东大学读博谈修养

◆ 赶路不要半路追兔子，否则会引偏了方向。

1998 年秋在山东大学读博对人生路障的思考

◆ 善于避障者走得快。

2018 年 6 月兼任宁夏能源协会会长谈人生、事业、工作、生活都如行路

◆ 大行不在乎小让。

1998 年秋在山东大学读博对舍与得的思考

◆ 事业一忌腐败，二忌内讧。

1999 年秋在山东大学读博谈事业之忌

◆ 在参与中匡正是真正的济世者。

2003 年冬任广饶县委副书记兼常务副县长谈参与才是正能量

◆ 骂世无助济世。

1989 年秋山东省委党校二年制研究生班学习谈秀才骂世解决不了根本问题

◆ 温和式抵制是和平济世的方式。

1989 年秋山东省委党校二年制研究生班学习谈建设才是正能量

◆ 多一分忍让，则多一分冷静。

2003 年秋任广饶县委副书记兼常务副县长对以往工作的

反思

◆ 多一分战略，则少一分后患。

2003 年秋任广饶县委副书记兼常务副县长对以往工作的反思

◆ 多一分长远，则多一分潜力。

2003 年秋任广饶县委副书记兼常务副县长对以往工作的反思

◆ 协调是推动工作的"润滑剂"。

2010 年 3 月任石嘴山市市长谈协调是"润滑剂"

六、协作是借力的智慧

◆ 能力与协作或借力成正比。

2017 年 8 月兼任国能神宁集团副董事长谈成功的能力在于协作借力的能力

◆ 协作可以形成事业的网状力量。

2015 年 6 月任宁夏经济与信息化委员会主任谈协作是事业的通道

◆ 能量和价值只能在系统中实现和放大。

2019 年 4 月兼任宁夏能源协会会长读《京瓷哲学》所感

◆ 协作是人类生存的方式。

1998 年秋在山东大学读博为临沂真情集团培训

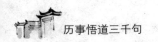

◆ 协作可以集中能量做专一的事。

1998 年秋在山东大学读博谈没有协作就没有专业化

◆ 协同是组织所以放大能量的秘密。

2018 年 8 月兼任宁夏能源协会会长谈组织协同

◆ 团队精神的实质是协作与联盟。

1998 年春在山东大学读博对鲁花集团与农民合作有感

◆ 高素质的团队可以共治、自治、互治。

2020 年 5 月兼任宁夏能源协会会长谈人才经济的团队场
能倍增

◆ 团队的能量在于智慧互补、专长协作、集体承压。

2013 年 4 月任宁夏经济和信息化委员会主任谈团队的价
值在于互补与合力

◆ 团队是各有角色、相互协作的"乐队"。

2020 年 7 月兼任宁夏能源协会会长谈乐队意识才是真正
的团队意识

◆ 善于协作既是品行也是能力。

1998 年秋在山东大学读博为临沂真情集团培训

◆ 人有其长必有其短，协作可使团队形成能量链。

2010 年 6 月任石嘴山市市长谈每一个人不是万能的，独
揽和独断是违背科学的

◆ 人与人合作都有分裂的危险期，渡过难关就是胜利。
2000 年 6 月在山东大学读博谈共鸣的意义

◆ 随和是一种合作能力。
2006 年 8 月任平罗县委书记谈团队精神

◆ 和，就是有唱有随。
2010 年 6 月任石嘴山市市长谈协作

◆ 以和而合，合和相成。
2015 年 10 月任神宁集团党委书记谈和是合的方法

◆ 利益是协作的纽带。
1999 年秋在山东大学读博谈共利是合作的动力

◆ 用共利解决冲突，可持续，无后患。
2018 年 6 月兼任宁夏能源协会会长谈共利才会来日方长

◆ 利他为先是利益循环，着眼共赢是心计在先。
2017 年 1 月兼任国能宁煤集团副董事长谈利益循环是道德之力，共赢是心计之力

◆ 求全违背天道，全胜物极必反。
2008 年 11 月在中央党校中青班学习谈输一点是好事

◆ 大胜、全胜不是大智慧。
1999 年秋在山东大学读博谈输一点是好事

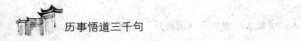

◆ 非危不战，生存空间无限。

1996年10月在山东大学读博谈和为贵

◆ 除生死之事，不较劲也是辩证法。

2010年3月任石嘴山市市长谈合作

◆ 很多事情没有绝对的错误和正确，只是时空而已。

2010年3月任石嘴山市市长谈合作

◆ 面子是失败的引子。

2010年3月任石嘴山市市长谈合作

◆ 顾面子轻目的，得不偿失。

2010年2月任石嘴山市市长谈要防止让面子乱了阵脚

◆ 人际和谐需自我降调。

1996年春在山东大学读博对领导科学的思考

◆ 合节共鸣是一种愉快。

2000年6月在山东大学读博谈共鸣的意义

◆ 合群才有安全感。

2014年10月任宁夏经济和信息化委员会主任谈人是合群的动物

◆ 只有合群，人的能量才无限大。

1989年秋在山东省委党校二年制研究生班学习对群体意识的思考

◆ 朋友要通过细节增进友谊。

2006 年冬任平罗县委书记自警

◆ 小心眼者无大业，算小账者无大财。

2006 年冬任平罗县委书记与企业家沟通

◆ 人生要多看干了多少事，少算赚了多少钱。

1999 年秋在山东大学读博谈事业高于利益

◆ 小心眼无久友。

2001 年冬在山东省委党校一年制中青班学习谈道德

◆ 交换是最科学、最经济、最安全的人生法则。

2016 年 10 月任神宁集团党委书记谈任何人任何组织都不
能包打天下，而需要交换

◆ 合作经营才能多快好省。

2018 年 11 月谈合作就是借力

◆ 克己与格局成正比。

2019 年 4 月再读稻盛和夫哲学所感

七、人离开工具，能量不如飞禽走兽

◆ 上等民族造工具，中等民族使用工具，下等民族漠视
工具。

2020 年 2 月兼任宁夏能源协会会长谈伟大的民族都是崇
拜生产力的民族

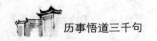

◆ 工具的本质功能是放大能量。

2012 年 2 月任石嘴山市市长谈工具乃是为发力主体放大能量的载体

◆ 科学技术的伟大性在于工具性。

2012 年 2 月任石嘴山市市长谈人类每前进一步都是从制造工具、运用工具开始的

◆ 工具的价值在于安全、管用、高效、方便、廉价。

2012 年 1 月任石嘴山市市长谈人要有工具意识

◆ 强大的群体就是强大的工具。

2010 年 6 月任石嘴山市市长在瑞典考察有感

◆ 泛工具意识是协作、互助的正能量。

2012 年 8 月任宁夏经济和信息化委员会主任谈社会

◆ 组织是整合力量的特殊工具。

2007 年 10 月任石嘴山市市长对人事现象的观察

◆ 组织系统是特殊的机器，高效而强大。

2008 年 8 月任石嘴山市市长谈组织的力量无限强大

◆ 用组织掌控社会轻而易举。

2007 年 6 月任吴忠市常务副市长谈组织是工具

◆ 组织是权力的载体。

2007 年 6 月任吴忠市常务副市长对人事现象的观察

◆ 组织体系是最重要的资本。

2015 年 2 月任宁夏经济和信息化委员会主任谈组织网络的价值

◆ 政党的力量在于组织体系的力量。

2007 年 6 月任吴忠市副市长对人事现象的观察

◆ 组织和平台的价值在于工具性。

2007 年 6 月任吴忠市常务副市长谈组织是工具而且是放大能量的工具

◆ 善于获得和运用工具者成大业。

2012 年 1 月任石嘴山市市长谈任何组织都是工具，所有权和使用权是关键

◆ 平台是整合工具的工具，是最大的工具。

2017 年 6 月任神宁集团党委书记兼副董事长谈平台是集成工具或资源

◆ 没有平台就没有人生的杠杆。

2017 年 6 月任神宁集团党委书记兼副董事长谈平台力是综合的杠杆力

◆ 硬工具高效，软工具持久。

2020 年 7 月兼任宁夏能源协会会长谈人的伟大在于制造和使用工具

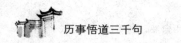

◆ 无论是政治、经济，使用硬工具最高效最简便。

2020 年 7 月兼任宁夏能源协会会长谈硬杠杆最高效

◆ 找对了工具，就找到了成功。

2011 年 10 月任石嘴山市市长谈现代化

◆ 掌国必掌兵，掌政必掌刑。

1996 年 6 月在山东大学读博读史所感

◆ 万物都具有工具的性质。

2013 年 2 月任宁夏经济和信息化委员会主任谈国家、军队、监狱、政党、团队、职务、机械、枪炮等都是工具

◆ 掌控了人就掌控了最有价值的智能工具

2013 年 5 月任宁夏经济和信息化委员会主任谈一切经济、政治、社会活动都是通过人这一活性工具实现的

◆ 人是剩余价值的源泉。

1999 年秋在山东大学读博谈团队的价值在于剩余价值

◆ 客体都有可能成为主体的工具。

2012 年 10 月任宁夏经济和信息化委员会主任在干部会上的讲话

◆ 组织间协作关系一旦确立后主客体互为工具。

2012 年 10 月在宁夏经济与信息化委员会主任在干部会上的讲话

◆ 资源随人聚而聚，随人散而散。

2003 年 7 月任广饶县委副书记兼常务副县长在企业家座谈会上的讲话

◆ 人是一切事业的纲，纲举目张。

2011 年 9 月任石嘴山市市长谈人既是万能的资源，又是万能的工具

◆ 任何组织、社会、市场都是人口组合。

2011 年 9 月任石嘴山市市长谈任何制度政策都要以人为中心

◆ 事业要高产，选"种"是关键。

2006 年春任中共石嘴山市委常委兼平罗县委书记谈选拔干部

◆ 外脑是最廉价最珍贵的资源。

1989 年秋在山东省委党校二年制研究生班学习期间为莱西县校长班培训

◆ 大智者借脑，小智者借手。

2020 年 8 月兼任宁夏能源协会会长谈借手者众，借脑者少，境界使然

◆ 工具与事业成正比。

2007 年 6 月任吴忠市常务副市长谈工具与事业的关系

◆ 个人是组织的工具，同时组织又是个人的工具。

2012 年 10 月任宁夏经济与信息化委员会主任在干部会上

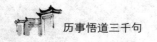

的讲话

◆ 矛盾论、工具论、协同论是人生和事业的重要方法论。

2012 年 10 月任宁夏经济和信息化委员会主任在干部大会
的讲话

八、科技是双刃剑，道德驾驭科技，科技才能保护人类

◆ 科学技术既能创造财富，又能攻破制度。

2011 年 10 月任石嘴山市市长谈科技的力量

◆ 制度革命和技术革命都能创造历史奇迹。

2011 年 10 月任石嘴山市市长谈历史靠阴阳二元驱动

◆ 奇迹需要生产力与生产关系双发力。

2011 年 10 月任石嘴山市市长谈阴阳合力才具有强力

◆ 人类每前进一步都需借助先进的思想和精良的方法。

2012 年 10 月任宁夏经济和信息化委员会主任在信息化现
场会上讲话

◆ 秩序靠法纪，效率靠科技。

2006 年 6 月任中共石嘴山市委常委兼平罗县委书记谈
管理

◆ 假设是科学诞生的重要起始点。

2000 年 2 月在山东大学读博谈科学

◆ 宇宙和生命是科学之最。

2020 年 5 月兼任宁夏能源协会会长谈宇宙和生命科学是科学的顶峰

◆ 常态下，化学使物变性，物理使物变形。

1998 年 2 月任于山东省委政研室处长谈科学

◆ 物理的微观即化学。

2004 年 6 月任石嘴山市副市长谈化学更具普适性

◆ 化学反应是外力作用下的内生机制。

2019 年 9 月兼任宁夏能源协会会长谈化学不神秘

◆ 化学是科技的主战场。

2004 年 6 月任石嘴山市副市长谈人是化学的产物

◆ 自然科学的源头或许是化学。

2020 年 5 月兼任宁夏能源协会会长由化学元素周期表而联想

◆ 科学是发现规律和运用规律。

2000 年 2 月在山东大学读博谈科学

◆ 万物都在螺旋式回归和升华。

2000 年 2 月在山东大学读博谈科学

◆ 旋转力是压缩的波力，且具惯力。

2018 年 6 月兼任宁夏能源协会会长谈物理现象

◆ 一切事物都存在波形运动，波幅波长因物而异。

2013 年 9 月于中欧国际工商学院读 EMBA 谈人与物、人与人共振之时即合运

◆ 事物的密度与质量成正比，质量与吸力成正比。

2020 年 10 月兼任宁夏能源协会会长对物理现象的观察及对其他事物的思考

◆ 图像是最直观、最通用的语言。

2007 年 11 月任石嘴山市市长谈什么是最易懂的语言形式

◆ 观测仪器研制的水平与科技水平成正比。

2013 年 7 月任宁夏经济和信息化委员会主任谈可观察是可管控的前提

◆ 数理与逻辑的价值远远大于肉体感知的价值。

2020 年 9 月兼任宁夏能源协会会长谈科学技术的价值

◆ 傻瓜也能操作的产品才是高级的产品。

2005 年 3 月任平罗县委书记对高科技的思考

◆ 气体是人体吸收最快的物质形态。

1981 年春在山东师范大学中文系读本科谈事物形态

◆ 基因结构重构是生命科学的终极发展目标。

2017 年 8 月任神宁集团党委书记谈基因重构是双刃剑

◆ 热使万物变形，冷使万物定型。

1981 年春在山东师范大学中文系读本谈事物现象

◆ 活性和可移动的物态是最科学的物态。
2004 年 5 月任石嘴山市副市长谈科技

◆ 网状结构是能量最强的组织结构和力学结构。
2013 年 6 月任宁夏经济和信息化委员会主任于芬兰学习所感

◆ 成本是影响科学技术转化为现实生产力的基本因素。
2007 年 10 月任石嘴山市政府市长谈没有经济价值的技术不能转化为价值

◆ 技术落后是最昂贵的成本。
2015 年 1 月任宁夏经济和信息化委员会主任谈科学技术的价值

◆ 技术与生产关系变革都会影响经济周期的量变。
2018 年 1 月兼任宁夏能源协会会长谈技术创新和生产关系变革都可打破经济周期

◆ 技术是企业或国家自立的核心条件。
2016 年 9 月任神宁集团党委书记谈技术是经济之根

◆ 当政治、环境、生命成为第一需要时，经济成本就不再居第一位。
2012 年 10 月任宁夏经济和信息化委员会主任在信息化现场会上讲话

◆ 用艰苦奋斗修心，借科学技术提效。
2008 年 1 月任石嘴山市市长谈艰苦奋斗与科学技术各就

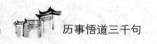

其位才有价值

◆ 后现代化的标志是以信息化为基础的智能化。

2010年5月任石嘴山市政府市长谈信息化是一种全新的生产方式和生活方式

◆ 互联网既是生活方式，更应该是生产方式。

2015年6月任宁夏经济和信息化委员会主任谈互联网助力生产方式更具有战略意义

◆ 量变决定质变、结构决定功能是大数据的价值逻辑。

2018年6月兼任宁夏能源协会会长谈大数据的价值机理

◆ 简明化必须数字化。

2015年6月任宁夏经济和信息化委员会主任谈数字化是简明化的最高形态

◆ 数字是最易统一思想和行动的语言。

2018年兼任宁夏能源协会会长谈数学之伟大

◆ 信息化既能改变生产、生活方式，又能改变政治社会结构。

2012年9月任宁夏经济和信息化委员会主任给中国电信宁夏分公司中层干部讲课

◆ 向软件要生产力是信息技术的本质。

2013年10月任宁夏经济和信息化委员会主任谈信息技术

◆ 泛数字化是工具革命及社会群体迭代之必需。

2020年4月兼任宁夏能源协会会长谈数字化是人类的一

场革命

◆ 信息化是民主化的技术助推力。

2008 年 3 月任石嘴山市市长谈信息化助推民主化

◆ 信息化必然助推组织扁平化。

2008 年 3 月任石嘴山市市长谈民主与信息化的关系

◆ 互联网的神经属性决定了互联网的依附性。

2015 年 2 月任宁夏经济和信息化委员会主任谈互联网的本质功能是神经功能

◆ 人与人之间的深度感觉仍然离不开体温介质。

2015 年 5 月任宁夏经济和信息化委员会主任谈互联网代替不了传统的学校教育及人际交往模式

◆ 互联网的价值在于促进事物快速跨界联接。

2015 年 2 月任宁夏经济和信息化委员会主任谈互联网

◆ 人人互联改变社会，物物互联改变经济。

2015 年 5 月任宁夏经济和信息化委员会主任谈互联网的政治、经济价值

◆ 把握系统的同时细分结构是成事的路由。

2013 年 8 月任宁夏经济和信息化委员会主任谈工作要从系统着眼对事物细化细分

◆ 拆分就是学问，整合就是科学。

2019 年 2 月兼任宁夏能源协会会长谈科学就在于分解和

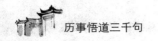

重构事物的结构

◆ 社会科学先试，自然科学先算。

2013 年 7 月任宁夏经济和信息化委员会主任谈敬畏自然科学

◆ 社会科学以变化的人为核心，波幅大、螺旋性强。

2008 年 12 月在中央党校中青班学习谈自然科学发展快、社会科学发展慢的原因

◆ 自然科学以稳定的物为核心，波幅小、直线性强。

2008 年 12 月在中央党校中青班学习谈自然科学发展快、社会科学发展慢的原因

◆ 发现规律是发明的前提。

2006 年春任中共石嘴山市委常委兼平罗县委书记谈科学是发现，科技是发明

◆ 公式是系统论的符号化。

2017 年 8 月任宁夏人大常委谈数理化公式是符号化的系统论，任何一个变量都会影响系统价值。

◆ 人生价值是一个复杂的多变量的公式。

2016 年春任神宁集团党委书记兼副董事长谈人生众多变量中唯有时间、修养、付出等少数变量可自控

◆ 哺乳动物皆有灵性。

2013 年 10 月任宁夏经济和信息化委员会主任谈佛不杀生

的逻辑

◆ 现代科学是对原始科学的变形、延伸和综合。

2002 年 12 月任广饶县委副书记兼常务副县长对原始科学的思考

◆ 对生命而言最原始的是最可靠的。

2009 年 4 月任石嘴山市市长谈现代化越来越可怕

◆ 本能的都是科学的。

2006 年 12 月任平罗县委书记谈传统的未必是落后愚昧的

◆ 返璞归真是人类生活的新潮流。

2015 年 6 月任宁夏经济和信息化委员会主任谈创业方向

◆ 简朴既是道德又是科学。

2018 年 3 月兼任宁夏能源协会会长谈简朴既养生又养性

◆ 至简的大道都是道德与科学的统一。

2018 年 3 月兼任宁夏能源协会会长谈至简大道的特点

◆ 对人的生存而言越是传统的越是安全的。

2006 年 12 月任中共石嘴山市委常委兼平罗县委书记谈传统的未必是落后愚昧的

◆ 人力自助装置是应对现代化危机所必需的保全手段。

2008 年 1 月任石嘴山市政府市长谈传统的生产生活方式是应对现代化灾害最可靠的方式。

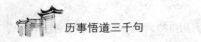

◆ 现代在传统面前永远有脆弱点。

2001 年 9 月在山东省委党校一年制中青班学习感悟美国 "9·11" 事件

◆ 人文缺失与科技飞进的矛盾将是世界性社会矛盾。

2006 年 12 月任中共石嘴山市委常委兼平罗县委书记谈科技是双刃剑

◆ 道德危机将导致科技、金融、互联网、物联网危机。

2013 年 6 月任宁夏经济和信息化委员会主任于芬兰有感

◆ 科技若偏离道德将成为人类的第一破坏力。

2012 年 7 月任石嘴山市市长谈科学技术若不被道德驾驭将异化为人类的天敌。

◆ 科技是双刃剑，越锋利越危险。

2001 年 9 月在山东省委党校一年制中青班感悟美国 "9·11" 事件

◆ 若无良知，科学技术是灭绝人类最有效的武器。

2001 年 9 月在山东省委党校一年制中青班感悟美国 "9·11" 事件

◆ 越是现代化，人的生命越脆弱。

2003 年秋任广饶县委副书记兼常务副县长谈科技对人类的副作用

◆ 道德才能使人类永存。

2003年秋任广饶县委副书记兼常务副县长谈儒家利民、法家利君、道家利人类

◆ 科技只有用来保护自然和人类才是光明的力量。

2008年1月任石嘴山市市长谈科技如果破坏自然、破坏人类则是黑暗力量

◆ 科技道德化是人类长存的正道。

2008年1月任石嘴山市市长谈科技如果破坏自然、破坏人类则是黑暗力量

◆ 国防防御外侵，环保防御"自杀"。

2010年3月任石嘴山市市长在节能环保大会上的讲话

九、推动事物跨界融合，跨度越大，成分越复杂，创造的价值越大

◆ 阴阳统一是跨界的原理。

2019年4月兼任宁夏能源协会会长谈跨界是事物升华的路径

◆ 对立统一，必有奇迹，既要又要，成事大道。

2019年4月兼任宁夏能源协会会长谈方法论

◆ 用途创新则物物新。

2019年4月兼任宁夏能源协会会长谈事物的功能和价值都是多元的

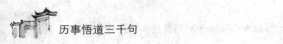

◆ 继承与创新是人类前进的左右脚。

2001 年春在山东省委党校一年制中青班学习谈继承是创新的前提

◆ 由盛到衰是万物的规律，事事物物时时处处必有创新机遇。

2001 年春在山东省委党校一年制中青班学习对创新与改革的思考

◆ 阴阳统一是跨界的原理。

2019 年 4 月兼任宁夏能源协会会长谈跨界是事物升华的路径

◆ 转换、转化、替代是解决问题最快的办法。

2007 年 12 月任石嘴山市市长谈工作方法

◆ 集优组合是最稳健的创新。

2017 年 6 月兼任神宁集团副董事长谈集优组合就是集从人之忧

◆ 物极必反的临界是最佳的创新期。

2016 年 9 月任神宁集团党委书记兼副董事长谈集优创新

◆ 大事件都会创造新机遇。

2007 年 11 月任石嘴山市市长在美国学习对机遇的思考

◆ 创新都是以既有的现实为坐标，以既有的缺憾为导火索。

2016 年 10 月任神宁集团党委书记兼副董事长谈创新的诱

发条件

◆ 负刺激是最强的创新动力。

2016 年 10 月任神宁集团党委书记兼副董事长谈创新的诱发条件

◆ 在常态下人的能力大小和机遇多少取决于创新。

2007 年 10 月任石嘴山市市长谈创新

◆ 创新是推动事物重新洗牌的赛道。

2011 年 2 月任石嘴山市政府市长谈创新是竞争的新赛道

◆ 创造，使劳动成为享受。

1999 年秋在山东大学读博谈创新

◆ 创新才有独特的价值。

2007 年 10 月任石嘴山市市长谈独特可以创造垄断价值

◆ 创意是创新的前提。

2007 年 10 月任石嘴山市市长谈创意的价值

◆ 竞物而不竞人，事业会更顺。

2020 年 8 月兼任宁夏能源协会会长谈靠技术与产品竞争是上策

◆ 独辟蹊径，做事易成。

1999 年 8 月在山东大学读博谈冷门是成事的捷径

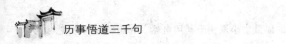

◆ 先行者路不平，但减少同路竞争。

2004 年 1 月任石嘴山市市长谈创新

◆ 主动创新省功省力，被迫创新成本升级。

1996 年春任山东省决策咨询中心主任为润华世纪培训谈谁先创新谁就节约时间成本

◆ 社会异化是社会变革的原因。

2001 年春在山东省委党校一年制中青班学习对政治组织发展规律的思考

◆ 思想创新、制度创新、技术创新、生产方式创新，是创新的生态链。

2013 年 6 月任宁夏经济和信息化委员会主任于芬兰考察谈创新

◆ 生产方式创新是最高效的创新。

2013 年 6 月任宁夏经济和信息化委员会主任谈制度创新

◆ 揣摩人性是创新的准星。

2008 年 11 月在中央党校中青班学习谈创新路径

◆ 为惆怅的人群解难则市场价值无限。

2008 年 11 月在中央党校中青班学习谈创新路径

◆ 怀疑是产生新思维的前提。

1997 年春任山东省委政研室处长为企业培训

◆ 困境是创新的佳境。

1997 年春任山东省委政研室处长为企业培训

◆ 需求细化，创新神化。

1999 年秋在山东大学读博谈创新

◆ 艺术思维和逆向思维可以让创新放飞。

1999 年秋在山东大学读博谈创新思维

◆ 创新是对事物的成分、结构、程序、功能的重组或再构。

1996 年春任山东省委政研室处长谈创新的实质是结构优化

◆ 越是高级的事物其复合成分越复杂。

1988 年 12 月在山东省委党校二年制研究生班学习发表的论文

◆ 创新包括经验创新和实验创新。

2007 年 10 月任中共石嘴山市委副书记兼代市长谈创新

◆ 创造了需求或满足了需求才是高价值的创新。

2007 年 10 月任中共石嘴山市委副书记兼代市长谈高价值创新必须从质上入手

◆ 安全、方便、美观或利用自然和不断循环是创新的靶点。

2001 年 8 月在山东省委党校一年制中青班学习为企业培训谈创新

◆ 结合就会产生新事物。

2006 年 3 月任中共石嘴山市委常委兼平罗县委书记谈改

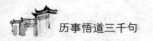

革与发展的路径

◆ 类比、重组、移植都是创新的机理。

1998 年秋在山东大学读博为临沂真情集团培训

◆ 寻找缺点是创新的起点。

1996 年春任山东省决策咨询中心主任谈问题导向是创新
的方向

◆ 挫折是发明和修正的契机。

1997 年春在山东大学读博为滕州市干部培训

◆ 加一加、减一减，高一高、偏一偏，弯一弯、展一展，
倒一倒、换一换是最简便的创新。

1998 年秋在山东大学读博谈改变结构是最简单的创新

◆ 善用反向思维可能发现事物更美。

2016 年 12 月任神宁集团党委书记兼副董事长谈事物有弊
必有利

◆ 画蛇添足是功能叠加。

1996 年春任山东省决策咨询中心主任为润华世纪集团培训

◆ 创造力与情商成正比。

2000 年秋任山东省委政研室处长为企业培训

◆ 参照系是创新的诱发力。

2005 年 10 月任中共石嘴山市委常委兼平罗县委书记与干
部谈话

◆ 以奇克正，做事易成。

1996 年春任山东省委政研室处长谈善用奇省功省力

◆ 正奇互动，创新无穷。

1998 年秋在山东大学读博为临沂真情集团培训

◆ 阴阳交替，必有新奇。

1998 年秋在山东大学读博为临沂真情集团培训

◆ 只有奇想，才有奇迹。

2000 年冬任山东省委政研室处长对人生现象的分析

◆ 苦思必有回报。

2006 年冬任中共石嘴山市委常委兼平罗县委书记谈苦思
冥想之日，问题解决之时

◆ 有些创造需要闲情逸致。

2010 年 6 月任石嘴山市市长访英国莎士比亚故居所感

◆ 回归是发展中的完善。

2010 年 8 月任石嘴山市市长谈创新与发展是螺旋式上升，
上升中有回归

◆ 创新的经济学价值是创造稀缺。

2010 年 3 月任石嘴山市市长谈创新

◆ 替代是翻天覆地的创新。

2020 年秋兼任宁夏能源协会会长再谈创新

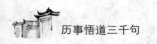

十、做总成，价值最高

◆ 做总成的本质是整合资源。

2004年秋任石嘴山市副市长谈整合能力与事业成正比

◆ 领导者是最大的集成家。

2004年秋任石嘴山市副市长谈整合能力与事业成正比

◆ 整合资源，事业无限。

2004年秋任石嘴山市副市长谈整合资源与事业成正比

◆ 善整合者成大业。

2003年2月任广饶县委副书记兼常务县长谈谁整合的资源越多谁事业越大

◆ 智力、权力、财力是成事的三大支撑力。

1999年秋在山东大学读博谈干事业的条件

◆ 权力、权威的大小取决于拥有资源的多寡及予夺的力度。

2001年春在山东省委党校一年制中青班学习谈权力就是分配

◆ 政策是宝贵的资源。

1988年10月在山东省委党校二年制研究生班学习对领导科学的思考

◆ 异质构成的规模越大越安全，同质构成的规模越大越脆弱。

2015年3月任宁夏经济和信息化委员会主任谈规模结构

决定规模价值

◆ 大群体和大规模具有安全感和诱导力。

2010 年 6 月任石嘴山市市长谈大规模可以产生信任感

◆ 任何事物一旦成为群都会震撼人心。

2010 年 6 月任石嘴山市市长在瑞典的思考

◆ 事物越大，风险越小。

2003 年 10 月任广饶县副书记兼常务副县长为东营市经委系统的企业培训

◆ 大体量才有大气势。

1988 年 12 月在山东省委党校二年制研究生班学习发表的论文

◆ 事物的基数越大其几何效应越大。

2004 年秋任石嘴山市副市长对强大事物之优势的思考

◆ 规模大，回路多，风险小。

2004 年秋任石嘴山市副市长谈规模与能量成正比

◆ 规模大才有震撼力和冲击波。

2005 年 2 月任石嘴山市副市长兼平罗县委书记谈规模与能量成正比

◆ 同质下，数量决定事物的价值。

2015 年 3 月任宁夏经济和信息化委员会主任谈量与质的关系

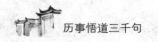

十一、用平台放大能量，或寻找平台，或组建平台

◆ 做平台就是做总成。

2018 年 12 月兼任宁夏能源协会会长谈平台与总成成正比

◆ 平台以并联的方式做功。

2018 年 12 月兼任宁夏能源协会会长谈互联网是隐形的巨大平台

◆ 拥有自主的平台才有自主而持续的事业。

2017 年 6 月兼任神宁集团副董事长为民企授课

◆ 一切机构都是人生的平台。

2014 年 6 月任宁夏经济和信息化委员会主任谈人生选择平台或自创平台，二者必俱其一

◆ 谁掌控了平台，谁就能轻而易举地放大能量。

2014 年 6 月任宁夏经济和信息化委员会主任谈平台是谋事的工具

◆ 在政治范畴支配权大于所有权。

2019 年 10 月兼任宁夏能源协会会长谈政权是撬动所有权的杠杆

◆ 平台规模与平台能量成正比。

2014 年 6 月任宁夏经济和信息化委员会主任谈平台是放大能量的工具

◆ 志向与平台大小及平台环境成正比。

2014 年 6 月任宁夏经济和信息化委员会主任谈平台是谋事的基础

◆ 用人就是一给平台，二给口袋。

2014 年 10 月任宁夏经济和信息化委员会主任谈用人

◆ 平台是技能的摇篮。

2014 年 6 月任宁夏经济和信息化委员会主任谈平台是谋事的基础

◆ 租购企业即租购了平台及平台上的既有资源。

2014 年 6 月任宁夏经济和信息化委员会主任谈平台是谋事的基础

◆ 有想法无手段是假秀才之大苦。

2005 年 7 月任中共石嘴山市委常委兼平罗县县委书记谈毛泽东同志是善于寻找平台和创造平台的伟人

C

知识能是开发自然能、
社会能的主观条件

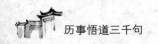

一、人的素质、气质与吸纳的信息量成正比

◆ 知识能是储藏于自然科学、社会科学及人生见识中的思想能、方法能、造物能。
2001 年春在山东省委党校中青班学习谈信息与智力

◆ 处处学问故人人皆师。
2005 年冬任中共石嘴山市委常委兼平罗县委书记自诫

◆ 听，是获知、修养的捷径。
2005 年冬任中共石嘴山市委常委兼平罗县委书记自警

◆ 信息是一种能量。
2002 年 12 月任广饶县委副书记兼常务副县长谈五官的价值昭示了信息的能量

◆ 与你相关的信息无论好坏均有益。
2011 年 3 月任石嘴山市市长谈信息是先知的条件

◆ 信息失衡和失真是失败的第一原因。
2010 年 9 月任石嘴山市市长谈信息的价值

◆ 信息是投入最低、产出最高的资源。
2002 年 12 月任广饶县委副书记兼常务副县长谈重视信息与交流

◆ 知识是素质的基础也是智慧的原料。

2000 年冬任山东省决策咨询中心主任谈知识与素质的关系

◆ 无能的前提是无知。

2000 年冬任山东省决策咨询中心主任谈不懂就没有发言权

◆ 有主见才能不盲从、不摇摆。

2000 年冬任山东省决策咨询中心主任谈知识与智慧之关系

◆ 无知和信息不对称者是社会的盲人。

2013 年 10 月在中欧国际工商学院学习谈无知者有时在快乐中被骗

◆ 信息先行才能避免盲动。

2018 年 10 月兼任宁夏能源协会会长谈必须把信息作为行动的先导

◆ 知识广博则思路开阔。

1985 年春在山东师范大学中文系读本科谈知识要复合

◆ 知识元越密越广，整合力越强。

1999 年秋在山东大学读博谈知识之根愈深愈密，人生之树愈茂

◆ 知识一旦形成网状结构会自动生成四通八达的智慧。

1999 年秋在山东大学读博谈大脑录入的信息越多越密越聪明

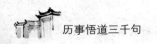

◆ 智慧是对知识的随机整合。

2016 年 12 月任神宁集团党委书记兼副董事长谈智慧与知识的关系

◆ 兴趣广泛的人必然是聪明的人。

2000 年春在山东大学读博读西方哲学史感悟孟德斯鸠

◆ 高明者在于集百家之大成。

2000 年春在山东大学读博谈知识面越宽，量越大，知识之间的联通回路越多

◆ 知识育志，困难励志，能力成志。

1997 年冬在山东大学读博为济南市地税系统干部培训

◆ 资质证是事业初期的通行证。

2006 年 9 月任中共石嘴山市委常委兼平罗县委书记谈学生资本

◆ 大脑是一座与生命相伴的金矿。

1996 年秋任山东省委政研室处长为山东电力集团培训谈大脑是人生取之不尽的金矿

◆ 人脑是加工智慧的工厂。

1996 年夏任山东省委办公厅处长为企业培训

◆ 提升心态和提高技能是培训的两大要领。

2000 年秋任山东省委政研室处长为企业培训

◆ 记忆是积累知识的必要条件。

2015 年 1 月任宁夏经济和信息化委员会主任谈记忆是扩充知识库容的重要保障

◆ 多维刺激强化记忆。

2006 年 10 月任中共石嘴山市委常委兼平罗县委书记谈记忆力

◆ 记忆取决于理解深度、刺激力度、重复密度、愉悦程度、未来期度。

1999 年秋在山东大学读博谈广告与记忆

◆ 学而习之,强化记忆。

2019 年 4 月兼任宁夏能源协会会长谈知行合一强化记忆

◆ 愉悦是记忆的催化剂。

1999 年秋在山东大学读博谈广告与记忆

◆ 重复有助于在重复中寻找规律。

1999 年秋在山东大学读博谈广告与记忆

◆ 不悱不发,不愤不启是启智诲人的绝技。

2015 年 10 月任神宁集团党委书记兼副董事长谈职业院校应该恢复从工农商学兵中招生

◆ 读书读出自己的悟性才有价值。

2016 年 9 月任神宁集团党委书记兼副董事长谈读书勿求快

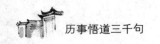

◆ 阅读与写作只有进行心灵对话，你才能升华。

2017 年 7 月兼任神宁集团副董事长谈读书或写作一旦达到与心灵对话就会产生悟性，就会内化或外化

◆ 读而思，闻而审，智也。

2017 年 5 月任神宁集团党委书记兼副董事长读《吕氏春秋》有感

◆ 读书的感受与阅历成正比。

2001 年 3 月在山东省委党校中青班学习谈认知与阅历的关系

二、文、史、哲是一切事业的酵母

◆ 语言是生存、生活、工作的第一工具。

1989 年秋在山东省委党校二年制研究生班学习谈交流、沟通是社会人的第一需要

◆ 文字是文化的根。

2003 年秋任广饶县委副书记兼常务县长对成吉思汗创造蒙文的感悟

◆ 中国的字、词是智慧之库。

2003 年秋任广饶县委副书记兼常务县长读许慎的《说文解字》

◆ 多懂一种语言，多一份生存空间。

2002 年秋任山东省委政研室秘书谈懂外语的价值

◆ 语言是催化人心最快的物质。

2002 年秋任山东省委政研室处长谈语言的价值

◆ 古汉语是汲取中华古典智慧的渠道。

2002 年秋任山东省委政研室处长谈古汉语对人类智慧的意义

◆ 文学是最好的启蒙工具。

2007 年 8 月任吴忠市委常委兼常务副市长谈文学艺术用形象和情感打动人心

◆ 暴露文学极易唤起社会反思。

1980 年 10 月在山东师范大学读本科谈社会变革往往暴露文学先行

◆ 阳春白雪与下里巴人共鸣是诗人的生命。

2019 年 3 月兼任宁夏能源协会会长与诗人玉峤对话

◆ 文学是活生生的社会教科书。

2014 年 10 月任宁夏经济和信息化委员会主任谈文史哲

◆ 歌谣是捕获心灵、传播思想的利器。

1980 年 10 月在山东师范大学读本科谈歌谣具有简明加音律的优势

◆ 历史题材的文学家是精神王国中的政治家、军事家、企业家。

2014 年 10 月任宁夏经济与信息化委员会主任谈《三国演义》

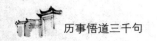

作者罗贯中

◆ 理论明理，文学感化。

2001年春在山东省委党校一年制中青班学习对推动变革的思考

◆ 时代永远拖着历史的影子。

2005年冬任中共石嘴山市委常委兼平罗县委书记谈当代与历史的关系

◆ 读史让你增加相对阅历。

1996年秋在山东大学读博谈历史是智慧的矿藏

◆ 经验是智慧的北斗，教训是智慧的坐标。

1984年春在山东师范大学读本科谈阅历对人的意义

◆ 经验与教训都是金。

2011年2月任石嘴山市市长所作的歌词

◆ 经史养心，困苦励志。

2001年8月在山东省委党校中青班学习谈修养

◆ 哲学是元理和方向，科学是原理与方法。

2019年6月兼任宁夏能源协会会长谈哲学是元科学

◆ 哲助思，文言志，史增智，艺生美。

1989年秋任中共莱西县委组织部干部科长为莱西县校长班培训

◆ 哲人大胜。

2007 年 8 月任吴忠市常务副市长谈哲学的力量

◆ 大道相通。

2018 年 5 月兼任宁夏能源协会会长谈万物原理归一

◆ 大道者，超然于人心的客观之规律也。

2018 年 12 月兼任宁夏能源协会会长读《传习录》有感

◆ 哲学是从事一切事业的方向器和方法论。

2006 年 12 月任中共石嘴山市委常委兼平罗县委书记谈哲学是开启智慧的金钥匙

◆ 不模仿、不僵化是哲学的灵魂。

2006 年 12 月任中共石嘴山市委常委兼平罗县委书记对自治区党委、政府正确决策的思考

◆ 哲学和艺术思维是创新的翅膀。

2006 年 12 月任中共石嘴山市委常委兼平罗县委书记谈做大事业要有哲学和艺术思维

◆ 哲学和历史有利于拉长人的思维跨度。

2006 年 12 月任中共石嘴山市委常委兼平罗县委书记谈文史哲的功能

◆ 宗教的本质是哲学。

2018 年 6 月兼任宁夏能源协会会长谈宗教为什么会长期存在

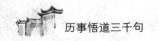

三、表达力、鼓动力是人的第一影响力

◆ 事业成功的人大都是善于反思总结的人。

1980 年秋在山东师范大学读本科对人生成长的思考

◆ 思想要精，必须笔耕。

2003 年 2 月任山东省广饶县委副书记兼常务副县长谈思考不动笔、思想不精细

◆ 书面语言是理性思维的工具。

2018 年 6 月兼任宁夏能源协会会长谈书面语言的价值

◆ 写作是提炼思想的必备工艺。

2003 年 2 月任山东省广饶县委副书记兼常务副县长谈写文章要把握思想、逻辑、修辞三大要素

◆ 身份越高越慎言。

2013 年 10 月任宁夏经济和信息化委员会主任谈古代皇帝以圈阅代言

◆ 观念传播就是人生营销。

1999 年秋在山东大学读博谈观念传播的意义

◆ 语言的思想性折射着人的深度形象。

1987 年 8 月任中共莱西县委组织部干部科长谈表达

◆ 鼓动，在几分钟内使听众定势才是高手。

1984 年 5 月在山东师范大学谈触动心灵是鼓动的要领

◆ 思想、逻辑、修辞是文章的魂、骨、肉。

2003年2月任山东省广饶县委副书记兼常务副县长谈好文章的三大要素

◆ 低水平的秘书重修辞，高水平的领导重思想。

2008年1月任石嘴山市市长谈讲话是领导形象的重要内容

◆ 哲理性、数据性、利益性，才有刺激性。

2008年1月任石嘴山市市长谈讲话是领导形象的重要内容

◆ 论据是说服的基石。

2008年1月任石嘴山市市长谈论据包括史实、现实、名人、至理、定理、公式

◆ 善于浓缩语言才能表述简练。

1984年5月在山东师范大学读本科谈善于浓缩语言是智慧

◆ 概括力是表达力的基本功。

2001年春在山东省委党校一年制中青班学习为鲁电变压器厂培训

◆ 句子对仗押韵有助于愉悦记忆。

2008年11月任石嘴山市市长于江西省井冈山学习有感

◆ 理论大众化是执政党必须坚持的文风。

2001年春任山东省委党校一年制中青班学习谈理论简约化和形象化才能大众化

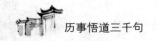

◆ 表述确切是公文和演讲的第一质量。

2007 年 10 月任石嘴山市市长谈表达不确切是领导干部鼓动与表达之大忌

◆ 准确的逻辑需要精确的概念。

2001 年春在山东省委党校一年制中青班学习时谈文风

◆ 表达有歧义，听者必生疑。

2007 年 10 月任石嘴山市市长谈表达若含混不准、指代不明，必引发思想波动

◆ 关键时刻、关键事件，用准关键词，直接关系到事态的走向。

2004 年 10 月任石嘴山市副市长谈事故处理中的语言艺术

◆ 概念交叉的排比句是最大的败笔。

2001 年春在山东省委党校一年制中青班学习时谈文风

◆ 概念精准，号召高效。

2020 年 6 月兼任宁夏能源协会会长读《不拘一格》网飞公司文化有感

◆ 哲理增强霸气，历史增加深度，专业提升信赖，修辞强化感染。

1987 年 8 月任山东省莱西县委组织部干部科科长谈文章

◆ 哲思酿警句，传神靠比喻。

1987 年 8 月任山东省莱西县委组织部干部科科长谈表达

◆ 哲言即用很短的话阐明很深的理。

2010 年 2 月任石嘴山市政府市长对 17 世纪英国哲学家洛克名言有感

◆ 哲理是从原点观察事物形成的结论。

2019 年 4 月兼任宁夏能源协会会长谈原点观是认识方法论

◆ 从原点观察问题可以耳聪目明。

2019 年 4 月兼任宁夏能源协会会长谈原点观是认识方法论

◆ 思想性是政论文的灵魂。

1987 年 8 月任山东省莱西县委组织部干部科科长谈表达

◆ 观文笔可以察风骨。

2005 年 6 月任石嘴山市副市长兼平罗县委书记读书有感

◆ 为民代言，为公撑伞，为义亮剑是媒体的本分。

2016 年 7 月任神宁集团党委书记兼副董事长赞新华社宁夏分社

◆ 用故事讲事理，言简意赅。

2006 年 10 月任中共石嘴山市委常委兼平罗县委书记谈鼓动力

◆ 用比较表达观点更有说服力。

2003 年 4 月任广饶县委副书记兼常务副县长谈鼓动力

◆ 数字是最直观的表达。

1998 年秋在山东大学读博谈表达

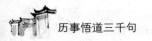

◆ 针对性越强越有号召力和冲击力。

2006 年 10 月任中共石嘴山市委常委兼平罗县委书记时谈
鼓动力

◆ 唤民之行须有唤民之理、利。

2004 年冬任石嘴山市副市长读《朱元璋》有感

◆ 敏感话题要由专家先说。

1980 年 9 月在山东师范大学读本科对社会变革的思考

◆ 阐明意义，激发动力。

2005 年 3 月任中共石嘴山市委常委兼平罗县委书记谈动
员和请示

◆ 细节可以提升作品的真实感。

2005 年 3 月任中共石嘴山市委常委兼平罗县委书记谈小
说的手法

◆ 舆论和声势可以不战而屈人之兵。

2005 年春任中共石嘴山市委常委兼平罗县委书记对学习
江苏省沭阳县的思考

◆ 优秀的讲座，一要讲道，二要讲故事，三要有宽泛的
信息量。

2000 年春在山东大学读博谈讲课的技巧

◆ 感染了对方才是成功的演讲。

2000 年春在山东大学读博谈讲课的技巧

◆ 有人讲话很长掌声很短，有人讲话很短掌声很长。

2005 年 2 月任中共石嘴山市委常委兼平罗县委书记谈讲话要服务于目的

◆ 工作重点过三，下级容易走偏。

2008 年 10 月在中央党校中青班学习谈领导布置工作

◆ 口号一旦面面俱到就失去了集中导向的力量。

2005 年 7 月任中共石嘴山市委常委兼平罗县委书记谈口号的作用与原则

◆ 口号的利益性越直白越易抓住人心。

2003 年 2 月任广饶县委副书记兼常务副县长谈"耕者有其田""当家做主人"是新民主主义革命的两大口号

◆ 慢、顿、清、精是演讲的要令。

1999 年秋在山东大学读博谈演讲

◆ 句子短、音调长，听得清、不易忘。

1999 年秋在山东大学读博谈演讲

◆ 对方听得懂，表达才成功。

2018 年 12 月兼任宁夏能源协会会长在沈阳开会时谈普通话的重要性

◆ 用数据、图像说话，鼓动力强大。

2018 年 10 月兼任宁夏能源协会会长谈"人生"和"仅一次人生"的表述

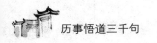

四、心理学是渗透领域最广泛的科学

◆ 人性相通，人人都是体验式心理学家。

2005 年 4 月任中共石嘴山市委常委兼平罗县委书记谈工作要从心切入

◆ 大苦大难中才会产生人性的真悟。

2018 年 10 月兼任宁夏能源协会会长读王阳明龙场悟道有感

◆ 好心情是他人给你创造的，为他人创造好心情是自己好心情的原点。

2019 年 1 月兼任宁夏能源协会会长谈利他才能利己

◆ 越文明越要研究心动力、心经济、心政治、心文化、心社会。

2005 年 4 月任中共石嘴山市委常委兼平罗县委书记谈工作要从心切入

◆ 充分发挥人的主观性是管理的重心。

2005 年 4 月任中共石嘴山市委常委兼平罗县委书记谈工作要从心切入

◆ 紧张才能振作。

2005 年 4 月任中共石嘴山市委常委兼平罗县委书记谈要营造振作的工作氛围

◆ 人一旦被瞩目就会释放潜能。

2005 年 4 月任中共石嘴山市委常委兼平罗县委书记谈用

好集体拔河机理进行团队激励

◆ 求同意识是永恒的心。

1989 年春在山东省委党校二年制研究生班学习发表的《论求同意识》

◆ 同类求同是人们追求的第一指向。

1989 年春在山东省委党校二年制研究生班学习发表的《论求同意识》

◆ 人的社会类欲望源于社会关系所迫。

2018 年 9 月兼任宁夏能源协会会长谈社会类欲望产生的源头

◆ 管理不公，反抗必生。

2007 年秋任石嘴山市市长谈公平

◆ 人的情绪可以放大和折扣指令。

2007 年秋任石嘴山市市长谈用管物的方法管人必有后患

◆ 思想统一才是真正的统一。

1988 年秋在山东省委党校二年制研究生班学习谈管理人首先要管理思想

◆ 心通了做事才高效。

2008 年 2 月任石嘴山市市长谈心动力

◆ 领导的职责是引导理性，管理的职责是预防非理性。

2007 年秋任石嘴山市市长谈管理的重点是非理性

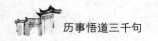

◆ 非理性与刺激成正比。

2007年秋任石嘴山市市长谈防止、控制非理性是管理的高手

◆ 植物尚有争阳避障的本能，况人乎？

2007年秋任石嘴山市市长观察植物有感

◆ 人总是要释放能量，或正或负。

2008年1月任石嘴山市市长谈管人不同于管物

◆ 心理影响生理。

2010年2月任石嘴山市市长谈精神的反作用

◆ 心理暗示会调动潜能。

2008年11月在中央党校中青班学习谈心理影响神经

◆ 排序是重要的结构，影响认知，影响功能。

2008年11月在中央党校中青班学习谈形式的功能

◆ 导向影响认知，背景影响判断。

1984年5月在山东师范大学中文系读本科学习《认识论》所感

◆ 兴奋与思考是相克的心理活动。

2017年5月任神宁集团党委书记兼副董事长谈兴奋抑智

◆ 体验与记忆成正比。

1984年5月在山东师范大学中文系读本科学习《实践论》所感

◆ 直觉是多信息的整合，是一种高智力活动。

2004年冬任石嘴山市副市长谈人具有超乎感性和理性之外的感知能力

◆ 先判断后推理有助于快速认知。

2016年12月任神宁集团党委书记兼副董事长谈应急判断

◆ 紧急易从众，恐慌无悲伤。

2008年9月任石嘴山市市长在银川河东机场有感

◆ 人的行为可以相互感染。

2009年1月任石嘴山市市长谈人与氛围互动

◆ 心情是寿命的重要变量。

2006年春任中共石嘴山市委常委兼平罗县委书记谈平和、开朗者健康

◆ 注意力转移，病方可医。

2017年11月兼任神宁集团副董事长谈精神与健康

◆ 善者长寿。

2015年10月任神宁集团副董事长谈行善愉悦，愉悦使肌体产生正能量

◆ 好心情是天然的免疫力。

2017年11月兼任神宁集团副董事长谈性情豁达，疾病不袭

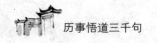

◆ 怒和欲是伤身之路。

2013 年 6 月任宁夏经济和信息化委员会主任谈包容者少怒，少怒者长寿

◆ 火爆的脾气只能杀伤自己。

1989 年春在山东省委党校二年制研究生班学习谈秦始皇气盛命短

◆ 电压越高，功耗越大，发脾气或许像电压。

2020 年 7 月兼任宁夏能源协会会长谈脾气越大，功耗越大

◆ 暴喜暴怒，理智全去。

1999 年秋在山东大学读博士研究生自警

◆ 饥饿和愤怒都会使人疯狂。

2006 年 8 月任中共石嘴山市委常委兼平罗县委书记谈要善于控制自己或他人的情绪

◆ 公开表扬放大能量，私下批评不伤心灵。

2017 年 12 月兼任神宁集团副董事长谈工作艺术的本源是心理学

◆ 冲动，约等于错误。

2006 年春任中共石嘴山市委常委兼平罗县委书记谈情绪的副作用

◆ 踱步释怒。

1996 年冬在山东大学读《黄帝内经》有感

◆ 恕者乐，忍者痛。

2019 年 3 月兼任宁夏能源协会会长谈孔子的"恕"道是既养德又养生的心理学

◆ 喜怒哀乐不可能没有，但不能久守。

2005 年 2 月任石嘴山市副市长兼平罗县委书记谈怨气伤身，宜解不宜积

◆ 放肆而抑智，抑智而祸起。

1989 年春在山东省委党校二年制研究生班学习谈纵情必败，克己多胜

◆ 感谢让你冷静的人，警惕让你兴奋的人。

2017 年 7 月兼任神宁集团副董事长谈冷了清醒，热了兴奋

◆ 先调心情，再做事情。

1989 年春在山东省委党校二年制研究生班学习谈好心情是吉星

五、用审美意识做事，才能把事情做美

◆ 美者，使相对方悦也。

2018 年 10 月兼任宁夏能源协会会长谈用审美意识为人处事是最高的修养

◆ 美是道德的最高境界。

2018 年 12 月兼任宁夏能源协会会长读《传习录》所感

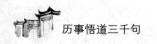

◆ 美是人类文明的方向。

2010 年 8 月任石嘴山市市长在干部大会上的讲话

◆ 美的本质是和谐。

2006 年 2 月任平罗县委书记谈和谐的本质与外延

◆ 和谐是矛盾的对立统一，并非掩饰回避矛盾。

2007 年 10 月任石嘴山市市长谈如何实现和谐

◆ 比例美是第一美。

2007 年秋任石嘴山市市长对生命体美感的思考

◆ 对称美是最普遍的美。

2007 年秋任石嘴山市市长对生命体美感的思考

◆ 阳刚美是雄壮美。

2007 年秋任石嘴山市市长对建筑美和高山美的思考

◆ 阴柔美是亲和美。

2007 年秋任石嘴山市市长对生命体美感的思考

◆ 抽象美是丰富美。

2007 年秋任石嘴山市市长谈造型和雕塑的美感

◆ 简洁美是持久美。

2007 年秋任石嘴山市市长对绘画、建筑美感的思考

◆ 淡雅美是平静美。

2007 年秋任石嘴山市市长对绘画、建筑美美感的思考

◆ 色艳则浮，话艳则虑。

2019 年 1 月兼任宁夏能源协会会长由 PPT 画面所感，人与物皆不可太艳丽

◆ 挺拔与棱角传达阳刚美。

2015 年 2 月任宁夏经济和信息化委员会主任谈工装彰显阳刚和精神

◆ 流线、曲线产生阴柔美。

2015 年 2 月任宁夏经济和信息化委员会主任谈建筑及家具美

◆ 行为艺术离不开程序。

2006 年 8 月任中共石嘴山市委常委兼平罗县委书记谈程序、顺序是工作艺术

◆ 做任何事掺进了艺术就让人心悦。

2018 年 10 月兼任宁夏能源协会会长谈擦鞋工的艺术

◆ 艺术可以让事物或行为得到升华。

2018 年 10 月兼任宁夏能源协会会长谈擦鞋工的艺术

◆ 节奏是最简洁的艺术。

2018 年 10 月兼任宁夏能源协会会长谈擦鞋工的艺术

◆ 简约是人类不断追求的生产方式和生活方式。

2000 年 1 月在山东大学读博谈简约是科学的归宿

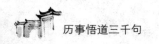

◆ 简约才能节约。

2015 年 7 月任神宁集团党委书记兼副董事长谈简约既是美学，更是经济学

六、专业知识是事业的潜水衣

◆ 专业是职业的基因。

2015 年 2 月任宁夏经济和信息化委员会主任谈专业的价值

◆ 妙语是行家的精华。

2017 年 9 月兼任国能神宁集团副董事长谈行家自有妙语

◆ 信息量是专家专的基础。

1996 年夏任山东省委政策研究室处长谈专业信息量积累到一定程度就是专家

◆ 隔行如隔山，行行都有天。

2017 年 11 月兼任国能神宁集团副董事长谈尊重专业

◆ 专一的发展是最快的积累。

2003 年 8 月任广饶县委副书记兼常务副县长谈企业专业化

◆ 专业化可以加快量的积累快速实现质变。

2003 年 8 月任广饶县委副书记兼常务副县长谈企业专业化

◆ 专业化是科学化的基础。

2012 年 2 月任石嘴山市市长时在德国柏林考察对科学化的思考

◆ 专业化越细，专注点越小，钉子的功力就越强。

2017 年 8 月兼任国能神宁集团副董事长谈专业化的意义

◆ 专业知识不足，细化深化受阻。

2001 年 1 月在山东省委党校一年制中青班学习谈专业的功能

◆ 专科院校是产业军的摇篮。

2015 年 2 月任宁夏经济和信息化委员会主任谈高等教育应多办科学院，少办综合大学

◆ 大学专业化才能使专业链条细化深化。

2015 年 2 月任宁夏经济和信息化委员会主任谈科学的院校体制应该一综十专

◆ 技术精英将是未来社会的主导力量。

2017 年 6 月兼任国能神宁集团副董事长谈技术文明与人文文明共同主宰社会

◆ 形成人才链条既专业又高效。

2017 年 6 月兼任国能神宁集团副董事长谈培养人才链条是大专院校的专业目标

◆ 研究的层面越微观，服务的领域越受限。

2000 年春在山东大学读博谈孟德斯鸠

◆ 道，一通百通；术，无尽无穷。

2017 年 6 月兼任国能宁煤集团副董事长读王阳明龙场悟

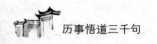

道有感

七、见多识广是硬素质

◆ 成与败，个人素质是内核。
1997 年冬在山东大学读博谈环境是外因，素质是根本

◆ 气质和胆识首先来自见识。
1996 年 12 月在山东大学读博与真情集团员工交流

◆ 不安于现状的人大都是有高远见识的人。
2007 年 12 月任石嘴山市市长谈人落后的原因是见识不广

◆ 阅历酿造智慧。
2003 年夏任广饶县委副书记兼常务副县长谈尊重阅历

◆ 操作与亲历有助理解与记忆。
2007 年 10 月任石嘴山市市长谈操作性学习的意义

◆ 多一份经历，则多一份能力。
1983 年 5 月在山东师范大学读本科谈参与长见识

◆ 多一份能力，则多一份生存空间。
2000 年冬任山东省决策咨询中心主任谈能力是生存的
支点

◆ 岁月雕人，阅历养心。
2007 年秋任石嘴山市市长谈经历助力人生扩胸

◆ 远行修心，行万里路，修万里心。

2005 年秋任中共石嘴山市委常委兼平罗县委书记对游历与性格关系的思考

◆ 经多识广，适应力强。

2010 年 6 月任石嘴山市市长谈阅历

◆ 有先进的见识，才有先进的思想。

2010 年 8 月任石嘴山市市长在干部大会上的讲话

D

除了宇宙力之外，最强大的
力量是思想力

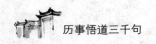

一、思想革命和技术革命是社会进步的导火索

◆ 思想是经营人生的货币。

2012 年 8 月任在石嘴山市市长谈人类的力量

◆ 思想是重要的能量。

2017 年 4 月兼任神宁集团副董事长谈重视思想能量

◆ 思想深度预示着事业前途。

2000 年冬任山东省决策咨询中心主任谈思想的价值

◆ 思想见解与发展潜能成正比。

1988 年秋在山东省委党校二年制研究生班学习对领导科学的思考

◆ 观念生产、观念传播、观念物化是人类的特性。

1999 年秋在山东大学读博谈人的奇特性

◆ 思想自由和人身自由是解放和发展生产力的前提。

2011 年任石嘴山市市长对中国历史的思考

◆ 新思想、新文化、新技术是新社会的前奏。

2001 年春在山东省委党校一年制中青班学习对社会变革的思考

◆ 深思是最好的导师。

2016 年 10 月任神宁集团党委书记兼副董事长谈善思才能善事

◆ 悟性是一种穿透力，是哲人的灵性。

2017 年 8 月兼任国能神宁集团副董事长谈悟者是智者

◆ 抽象才能把握事物的本质。

2020 年 5 月兼任宁夏能源协会会长谈从表象中抽象才能看到事物的本质

◆ 人一旦类似于机器人就失去了人的价值。

2018 年 10 月兼任宁夏能源协会会长谈独立思考是人必具的权利

◆ 文化教养、敢于担当、思想独立、财务自由是君子或贵族精神的支柱。

2020 年 10 月兼任宁夏能源协会会长谈君子精神或贵族精神

◆ 春秋战国和古希腊罗马时代是人类思想的黄金期。

2001 年秋在山东省委党校一年制中青班学习谈人类社会的物质发展日新月异，然而思想发展更多是集古人之大成

◆ 先进的知识分子是先进文化的启明星。

2001 年春在山东省委党校一年制中青班对社会变革的思考

◆ 哲学革命和思想革命是人类解放的精神炬火。

2001 年 5 月在山东省委党校一年制中青班学习谈哲学的力量

◆ 思想、制度、技术，共同推动着历史前进。

2001 年 3 月于山东省委党校一年制中青班学习谈世界观

与方法论的价值

◆ 成功的变革需要观念力、政治力、生产力共同驱动。

2000 年秋任山东省委政研室处长谈改革要综合用力

◆ 激活民众的制度才是推动历史飞跃的制度。

2016 年 12 月任神宁集团党委书记兼副董事长谈历史上的几次大改革

◆ 新思想是推动人类进步的核动力。

2006 年秋任中共石嘴山市委常委兼平罗县委书记谈思想禁锢之害

◆ 思想与文化是政治的春雨。

1998 年春在山东省委党校二年制研究生班学习读《中外思想史》有感

◆ 思想是制度与技术的源泉。

2012 年 1 月任石嘴山市市长对思想力的思考

◆ 精神富有且财产清正者刚。

2020 年 2 月兼任宁夏能源协会会长谈知识分子

◆ 理论清醒才能眼界宽广、意志坚强。

2004 年 5 月任石嘴山市副市长谈学理论

◆ 思想观念对社会的影响更持久。

1998 年秋在山东省委党校二年制研究生班学习谈思想力

◆ 正确的理念是软黄金。

1996 年春任山东省委决策咨询中心主任谈观点的价值

◆ 权力体系是责任体系。

2008 年 8 月任石嘴山市市长谈视角变则观念变，观念变则行为变

◆ 权力与风险成正比。

2008 年 8 月任石嘴山市市长谈视角变观念变，观念变则行为变

◆ 工资是责任的报酬。

2020 年 6 月兼任宁夏能源协会会长谈引导员工变换对工资的认知

二、历史在反思中前进

◆ 售后服务团队是企业荣誉的护卫队。

2020 年 7 月兼任宁夏能源协会会长谈售后服务的意义

◆ 销售人员是客户利益的代表。

2020 年 7 月兼任宁夏能源协会会长谈销售员的名片若印上"客户利益代表"，会拉近与客户的关系

◆ 善于反思是一切优秀组织和个人进化的阶梯。

2020 年春兼任宁夏能源协会会长谈反思是进化的思想条件

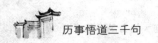

◆ 反思才能扎实的前进。

2020年春兼任宁夏能源协会会长谈反思与进步成正比

◆ 在进化中吸收历史养分符合正反合规律。

2007年11月任石嘴山市市长对产品研发和生活习惯复古的思考

◆ 历史在反思与积淀中进化是必然的规律。

2008年8月在中央党校中青班学习谈历史前进有惯性

◆ 五百年必有王者出符合正反合历史规律。

2008年8月在中央党校中青班学习谈大人物因历史积淀而生

◆ 思想反思与财富积淀是人类进步的两大基石。

2008年8月在中央党校中青班学习谈历史前进的惯性

◆ 用历史进化的现实指责历史是反科学的。

2008年12月在中央党校中青班学习谈不可用历史的今天否定历史的昨天

◆ 从人格、动机评价历史人物是反历史的,反客观的。

2014年10月任宁夏经济和信息化委员会主任谈评价历史人物要看其当时的社会价值

◆ 循环之中有进化,进化之中有循环。

2007年11月任石嘴山市市长对产品研发和生活习惯复古的思考

◆ 实践是暴露缺点、发现经验的过程。

1992 年春任山东省委办公厅人事处秘书对实践之价值的认识

◆ 经验是人类自我完善的雕刀。

2008 年 11 月在中央党校中青班学习认为经验一直校正着人类社会

◆ 经验是原理的重要源泉。

2008 年 11 月在中央党校中青班学习谈许多规律是对经验的总结

◆ 反思包括总结经验、修正错误。

2008 年 12 月在中央党校中青班学习谈思想解放

◆ 在完善中坚持才是科学的坚持。

2008 年 1 月任石嘴山市政府市长谈一成不变的继承者不是优秀的继承者

◆ 继承是开拓的前提。

1994 年春任山东省委办公厅处长谈继承与开拓

◆ 完善是最好的旗帜。

1986 年秋任莱西县委组织部干部科科长为企业培训

◆ 没有今天的殉道者就没有明天的胜利者。

2000 年秋任山东省委政研室处长读史有感

◆ 螺旋式上升的过程是重新拾回历史精华的过程。

2010 年 2 月任石嘴山市政府市长谈改革

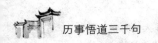

三、理论重于炮火

◆ 理论对内，炮火对外。

1997 年春在山东大学读博为司法系统干部班培训

◆ 炮火杀人，舆论救心。

2006 年 10 月任石嘴山市委常委兼平罗县委书记谈舆论工作

◆ 忠诚的根基是理论认同。

2001 年春在山东省委党校一年制中青班学习谈政治认同需要理论体系

◆ 聚心、教化、监督是媒体对内的三大功能。

2005 年秋任中共石嘴山市委常委兼平罗县委书记谈宣传工作

◆ 信息干预是舆论的重要职能。

2014 年 2 月任宁夏经济和信息化委员会主任谈信息干预

◆ 王道无近功，尽在默化中。

2008 年 8 月任石嘴山市市长谈教化

◆ 理论是炮火不能替代的。

2013 年 12 月任宁夏经济和信息化委员会主任谈毛泽东的《论持久战》是在炮火连天的环境下形成的思想"火力"

◆ 舆论可以引爆革命。

2010 年 8 月任石嘴山市任市市长在新华社记者研讨会上的发言

◆ 理论家是政治家的参照系。

2008 年 9 月在中央党校中青班学习谈正义的理论家不以政治为前提，理论家对开明的政治家具有约束力。

◆ 先秦儒学儆官励民，后儒学护官愚民。

1997 年 12 月在山东大学读博谈新旧儒学

◆ 逻辑性是科学的生命。

2000 年春在山东大学读博谈科学是逻辑的产物

◆ 一切靠实践检验，潜伏着高成本风险。

2000 年春在山东大学读博谈应该用逻辑指导实践

四、唯物论使你脚踏实地，辩证法让你智慧无穷

◆ 相信人民群众的力量是唯物论和辩证法的核心。

2001 年 2 月在山东省委党校一年制中青班学习谈唯物论和辩证法

◆ 宇宙及人类社会的力量有正就有负，有矛就有盾，故形成相对恒定的格局。

2001 年 3 月在山东省委党校一年制中青班学习谈世界观与方法论的价值

◆ 大的主见和行动都是建立在世界观和方法论基础之上的。

2001 年 3 月在山东省委党校一年制中青班学习谈世界观与方法论的价值

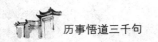

◆ 智慧就是善于把握事物之间的联系。

1984 年春在山东师范大学读本科谈分析智慧的本质

◆ 创造条件促进事物跨类融合是人类最高级的智慧。

2015 年 10 月任神宁集团党委书记兼副董事长谈促进食物跨界

◆ 感性、理性、悟性是认识的周期。

1984 年春在山东师范大学读本科读《实践论》《矛盾论》
有感

◆ 悟性的产物才是自己的。

1995 年春任在山东省委办公厅副处长谈思与悟对人的成
熟之影响

◆ 悟是理性与感性的统一。

2013 年 12 月任宁夏经济和信息化委员会主任谈智慧

◆ 思维是智慧的纺车。

1996 年秋在山东大学读博为山东电力集团培训

◆ 智慧使人成为万物之灵。

1984 年春在山东师范大学读本科谈人

◆ 物质是精神的实化，精神是物质的虚化。

2018 年 12 月兼任宁夏能源协会会长谈物质与精神是一体的

◆ 善悟方可善谋。

1995 年春任山东省委办公厅副处长谈悟是理性与感性的
统一

◆ 善思善悟才能帮你成熟。

1995 年春任山东省委办公厅副处长谈悟的东西才是自己的

◆ 事物都是因果相应。

2005 年冬任中共石嘴山市委常委兼平罗县委书记对西部地貌与矿产关系的思考

◆ 辩证即互因互果。

2019 年 2 月兼任宁夏能源协会会长读《道德经》所感

◆ 完整的真理往往存在于对立的矛盾双方之中。

2020 年 10 月兼任宁夏能源协会会长谈思考、分析、解决问题必须注意既要与又要

◆ 今天的偶然都是昨天的必然。

2017 年 5 月兼任神宁集团副董事长谈一切偶然都是对必然之因的无知和不觉。

◆ 事物因本质属性而被区分。

1996 年冬在山东大学读博认为解放生产力不是社会制度的本质属性

◆ 事物在不同时期有不同的关键变量。

2000 年春任山东省决策咨询中心主任谈事物的主要矛盾因时而生，因时而变

◆ 当量变积累到绝对优势时，质变将加速。

2013 年 6 月任宁夏经济和信息化委员会主任于芬兰对事

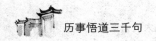

物或生命现象的认知

◆ 质变是惊险的跨越。

1996 年冬在山东大学读博谈质变是新物质的生成，是惊险的

◆ 普遍性结果必有模式化的原因。

2008 年 11 月任石嘴山市市长在江西省井冈山学院学习对体制改革的思考

◆ 同类必有共性。

2007 年 11 月任石嘴山市市长在美国对不同种族的思考

◆ 规律在数理之中。

2002 年秋任山东省委政研室处长谈大数据是金库

◆ 概率取决于条件的密度。

2020 年 2 月兼任宁夏能源协会会长谈阴阳二分的概率最大

◆《周易》中的数就是量。

2008 年 3 月任石嘴山市市长谈《周易》中的数是唯物的

◆ 高价值的东西往往都潜藏在内层。

1999 年秋在山东大学读博谈高价值的事物与获取成本成正比

◆ 结果是过程的回报。

2013 年 12 月任宁夏经济和信息化委员会主任谈结果与过程的关系

◆ 过程就是量变。

2013 年 12 月任宁夏经济和信息化委员会主任谈用过程正确来确保结果正确

◆ 世间没有即播即收的好事。

2014 年 11 月任宁夏经济和信息化委员会主任谈付出和获得必有过程

◆ 理想地想，审慎地干，与时地变，是稻盛和夫的成功之道。

2017 年 2 月兼任神宁集团副董事长读稻盛和夫

◆ 常态下，时间是考验事物质量的唯一尺度。

1999 年在山东大学读博时的感悟

五、越是截然相反的事物，一旦跨界统一，将产生伟大的新事物

◆ 水火相容，生命无穷。

1988 年 12 月在山东省委党校二年制研究生班学习谈万物离不开水与火

◆ 对立才能构成事物的整体，任何领域永远存在着相克相生的两派。

2019 年 7 月兼任宁夏能源协会会长谈对立的双方

◆ 有主次、有先后、有过程、有转化、有统一是辩证法区别于诡辩论的本质。

2007 年 8 月任吴忠市常务副市长谈本质属性决定事物特性

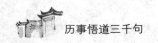

◆ 主要矛盾对事物的影响持久，次要矛盾对事物的影响短暂。

2007 年 8 月任在吴忠市常务副市长谈主要矛盾

◆ 辩证才是大智慧。

2007 年 8 月任在吴忠市常务副市长谈哲学的力量

◆ 交替，是最好的方法论。

2013 年 10 月任宁夏经济和信息化委员会主任谈方法论

◆ 交替做事效率高。

2013 年 10 月任宁夏经济和信息化委员会主任谈方法论

◆ 历史唯物论必然是交替发展论。

2001 年冬在山东省委党校一年制中青班学习谈历史进程因素的思考

◆ 阴阳缺一，难以为继。

2001 年冬在山东省委党校一年制中青班学习谈单阳不成、单阴不生的思考

◆ 一切平衡表现为过程平衡。

2008 年 9 月在中央党校中青班学习谈阴阳统一

◆ 阴阳交替是事物发展的轨迹。

2008 年 9 月在中央党校中青班学习谈事物发展的规律是平衡与不平衡交替转换的规律

◆ 阴阳互动，事事可成。

2004 年任石嘴山市副市长谈辩证法

◆ 单一就是低级。

1997 年 4 月任山东省委办公厅处长谈高级事物的成份是
多元的

◆ 越是高级的事物其变量越复杂。

2000 年春任山东省决策咨询中心主任谈成事需要多个变
量，败事只需一个变量

◆ 乐事有度，分期享受而幸福，集中享受而痛苦。

2008 年 2 月任石嘴山市市长谈乐事有度

◆ 幸福源于比较。

2008 年 2 月任石嘴山市市长谈什么是幸福

◆ 矛盾的双方都以对方的存在而有价值。

2000 年 2 月在山东大学读博谈事物价值在矛盾中才能彰显

◆ 矛与盾的消长推动事物演进。

2018 年 6 月兼任宁夏能源协会会长谈矛盾动力说

◆ 不断破解矛盾或冲突，才能推动工作、事业、人生持
续升华。

2018 年 6 月兼任宁夏能源协会会长谈矛盾动力说

◆ 制衡是有效运动的前提。

1996 年秋任山东省委政研室处长与企业经理班座谈

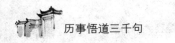

◆ 纯而又纯的事物都将在退化中灭绝。

2000 年春在山东大学读博谈一切事物都在变异和进化中衍生

六、正反合是一切事物存在、发展、升华的规律

◆ "三" 是一个周期。

1997 年 4 月任山东省委政研室处长谈三是近似的圆周率

◆ 反馈是认知的罗盘。

2018 年 4 月兼任宁夏能源协会会长谈实践的伟大意义在于反馈

◆ 事物的过程一分为三，事物的终极一分为二。

1992 年冬任山东省委办公厅人事处秘书对事物演化进程的分析

◆ 二维的问题用三维力解决就会迎刃而解。

2018 年 6 月于神宁集团谈矛强于盾才能解决矛盾

◆ 间接就是战略。

1996 年春任山东省决策咨询中心主任给山东省烟台市企业经理培训

◆ 间接用力更持久。

1985 年夏任山东省莱西县孙受乡党委组织委员对领导科学的思考

◆ 观察、比较、反证、排除，都是优选法。

2000 年春任山东省决策咨询中心主任为鲁电变压器厂培训

◆ 反证是印证的好方式。

2000 年春在山东省决策咨询中心主任为鲁电变压器厂培训

◆ 积累是质变的方式。

1996 年冬在山东大学读博谈人生没有积累就没有飞跃

◆ 实事求是并非单指务实，也包括真善美。

2001 年 4 月在山东省委党校一年制中青班学习谈把实事求是仅理解为务实会遗害无穷

◆ 任何一项正统的东西必有负功。

2009 年 10 月任石嘴山市市长谈倡导一种主流风尚时，必然出现类似于主流风尚的流弊

◆ 道，最大的功能是纠偏。

2020 年 6 月兼任宁夏能源协会会长谈"反者道之动"

◆ 要防止因倡利而生弊。

2009 年 10 月任石嘴山市市长谈历史上举"孝廉"之制时久生弊

◆ 中庸即保持适中的心与力。

2013 年 6 月任宁夏经济和信息化委员会主任谈力极无以续力

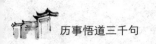

◆ 阴阳是天道，中庸是人道。

2013 年 6 月任宁夏经济和信息化委员会主任谈中庸

◆ 心平之时，中道之际。

2020 年 7 月兼任宁夏能源协会会长谈中庸的路径

◆ 无为而治的逻辑是反馈的机制。

2006 年 6 月任中共石嘴山市委常委兼平罗县委书记谈反馈引发激励或惩戒

◆ 正反合演进必然促进万物的升华。

2009 年 10 月任石嘴山市市长谈事物升华是必然的趋势

◆ 改良、改造、改革都是正反之后的合。

2020 年 7 月兼任宁夏能源协会会长谈改革之必然

◆ 纵向比较易满，横向比较防骄。

2017 年 6 月兼任神宁集团副董事长谈寻找先进的坐标

◆ 历史发展无需杞人忧天，正反合规律会自动纠偏。

2016 年 10 月任神宁集团党委书记兼副董事长谈无需杞人忧天

七、有关联才有矛盾，从矛盾的相对方想事、做事，更容易成事

◆ 系统是万物的存在方式。

2020 年 4 月兼任宁夏能源协会会长谈任何事物无论其内

在还是外在均以系统的方式存在

◆ 让对方理性才是解决矛盾的高手。

2016 年 9 月任神宁集团党委书记兼副董事长谈工作方法

◆ 立足相对方才能唤起相对方。

2016 年 9 月任神宁集团党委书记兼副董事长谈立足于相对方，工作方顺畅

◆ 从弱做起、从小做起、从软做起、从相对方做起是《道德经》的精髓。

2015 年 12 月任神宁集团党委书记兼副董事长谈《道德经》

◆ 霸者路上多英烈。

2018 年 6 月兼任宁夏能源协会会长读《道德经》有感

◆ 循人性得人心。

2006 年 9 月任中共石嘴山市委常委兼平罗县委书记谈工作方法和号召力

◆ 从反面入手，有时更易达到正面的效果。

2000 年冬任山东省委政研室处长读《道德经》有感

◆ 为了目的而强调手段更智慧。

2010 年 10 月任石嘴山市市长谈敏感的工作要悄悄说悄悄做

◆ 佛教用天堂与地狱劝善。

1996 年 3 月任山东省委政研室处长休假时访南山寺有感

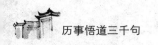

◆ 兵法的核心是神速、用奇、存己、灭敌。

1996 年冬在山东大学读博时读《孙子兵法》有感

◆先存后胜是兵法的宗旨。

1996 年冬在山东大学读博悟兵法

◆ 从相对方做起才能生生不息。

1996 年冬在山东大学读博读《道德经》有感

◆ 护短是缺乏远见的表现。

2005 年冬任中共石嘴山市委常委兼平罗县委书记谈舆论监督

◆ 不怕亮丑不护短才能善用外来的手术刀。

2005 年 9 月任中共石嘴山市委常委兼平罗县委书记在新闻媒体座谈会上谈监督是外来的手术刀

◆ 关键影响全局，偶然影响转折。

2016 年 11 月任神宁集团党委书记兼副董事长谈要重视关键和偶然

八、数据意识是科学精神的前提

◆ 数字化才是真正的标准化。

2008 年 1 月任石嘴山市市长谈管理尺度

◆ 质是由数决定的，数是质的表观。

2008 年 1 月任石嘴山市市长谈管理尺度

◆ 最实的决策是决策数字。

2010 年 10 月任石嘴山市市长谈决策数字就是决策政策

◆ 没有数字限定的政策、命令、计划是废话。

1999 年秋在山东大学读博谈数字化管理

◆ 领导就是导向，管理就是算账。

2010 年 10 月任石嘴山市市长谈领导与管理要用不同方法

◆ 战略要简单，战术要细化。

2008 年 7 月任石嘴山市市长谈战略家要把复杂的问题简约化，战术家要把简单的问题细致化。

◆ 科学越发展，数字意识越伟大。

1992 年冬任山东省委办公厅人事处秘书谈马克思的数学观

◆ 精准的数据既是理性的彰显，更是理性的支柱。

2016 年 10 月任神宁集团党委书记兼副董事长谈没有数就没有质，没有数就没有理

◆ 要透过数理看本质。

2002 年秋任山东省委政研室处长与山东农业大学干部沟通

◆ 多一分大概，多一分风险。

1997 年春任山东省委政研室处长对领导科学的思考

◆ 数据，数是最好的据。

2005 年 12 月任中共石嘴山市委常委兼平罗县委书记谈现

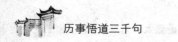

代化的决策必须用数字说话

◆ 事物出现的频率或使用的频率与其价值成正比。

2018 年 6 月兼任宁夏能源协会会长谈频率是事物价值的重要参数

◆ 积累数据，一举多益，积量成智。

2017 年 7 月兼任神宁集团副董事长谈重视记录数据就是用数据记录历史

◆《周易》以数观变。

2019 年 8 月兼任宁夏能源协会会长谈数是至理

◆ 数学是宇宙及万物的解剖刀。

2019 年 6 月兼任宁夏能源协会会长谈越是神秘的用肉体无法感知的事物需要数学

九、抓大事必须抓结构

◆ 结构包括空间结构和成分结构。

2017 年 6 月兼任神宁集团副董事长对结构的再认识

◆ 为了整体必须研究单体，为了单体必须研究整体。

2008 年 10 月在中央党校中青班谈辩证与系统思维

◆ 结构形成的功能最持久。

2013 年 12 月任宁夏经济和信息化委员会主任在固原市干部大会上的发言

◆ 从结构分析入手，寻找主要矛盾及其联系。

1999 年秋在山东大学读博读毛泽东的《中国社会各阶级的分析》有感

◆ 结构决定事物的安全、功能、力量、效益和美感。

2008 年 11 月任石嘴山市市长在井冈山学院学习谈结构的重要性

◆ 要素决定结构的质量，结构决定要素的能量。

2010 年 3 月任石嘴山市市长谈要素与结构的关系

◆ 多序列少序级是一种高效的治理结构。

1994 年春任山东省委办公厅副处长为济南市企业经理培训

◆ 文明必须由形式来体现。

1999 年秋在山东大学读博谈形式是文明的载体

◆ 形式和程序都是结构。

2013 年 8 月任宁夏经济和信息化委员会主任谈形式和程序影响行为功能

◆ 审美价值与使用价值一般成反比。

2003 年 6 月任广饶县委副书记兼常务常务副县长谈文明与成本成正比

◆ 在存量和总量不易改变的情况下调结构最高效。

1996 年春任山东省委办公厅处长对领导艺术的思考

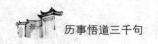

◆ 官员掌控结构，民众创造要素。

2012年2月任石嘴山市市长谈职业特点

◆ 组织、社会等任何系统若偏执其一，必伤整体。

2016年9月任神宁集团党委书记兼副董事长谈企业管理要兼顾系统诸要素

◆ 细分是效率的前提。

2019年2月兼任宁夏能源协会会长谈细分是重要的方法论

◆ 小、少是精准、责任、高效的前提。

2020年8月兼任宁夏能源协会会长谈管理跨度

十、生产方式是社会文明的本质标志

◆ 利用能源的方式决定着人类的生产方式和生活方式。

2013年4月任宁夏经济和信息化委员会主任谈能源革命的意义

◆ 动力和能量是一切学问的原点。

2017年2月兼任神宁集团副董事长谈科技神宁

◆ 文明不在于生产什么，而是怎样生产。

2003年春任山东省广饶县委副书记兼常务副县长接受《大众日报》记者采访

◆ 社会文明是生产力、生产关系和生产方式共同作用的结果。

2006 年 4 月任中共石嘴山市委常委兼平罗县委书记对社会变革的思考

◆ 生产关系可以四两拨千斤。

2001 年冬在山东省委党校一年制中青班学习对制度的思考

◆ 构建上层建筑和确定生产关系是国家政权的根本职能。

2010 年 2 月任宁夏石嘴山市市长谈执政

◆ 政府直接发展生产力必是越俎代庖且有心无力。

2013 年 10 月任宁夏经济和信息化委员会主任谈政府职能是解放和释放生产力而不是直接发展生产力

◆ 政府是气候，企业是种子。

2003 年春任广饶县委副书记兼常务副县长谈生产关系是气候，生产力是种子

◆ 生产关系是生产力发展的空间。

2001 年冬在山东省委党校一年制中青班学习对制度的思考

◆ 生产力突破生产关系需要一个漫长的过程。

2006 年 3 月任中共石嘴山市委常委兼平罗县委谈生产力渐进，生产关系激进

◆ 未介入生产关系的生产力仅仅是潜在的生产力。

2001 年春在山东省委党校一年制中青班学习对政治经济

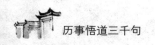

学的思考

◆ 政府是生产关系，群众是生产力。

2006 年冬任中共石嘴山市委常委兼平罗县委书记谈制度的重心是释放群众能量

◆ 生产方式是发展生产力的方式。

1997 年秋任山东省委政研室处长谈生产方式不能制约生产力

◆ 劳动的文明程度是社会进步的晴雨表。

2000 年秋任于山东省委政研室处长对农业机械化的思考

◆ 生产方式是社会进步与落后的综合标志。

2003 年春任山东省广饶县委副书记兼常务副县长接受《大众日报》记者采访

◆ 分布式的生产、生活、政治、经济、文化、社会是人类文明发展的必然。

2017 年 6 月兼任宁夏能源协会会长谈技术文明推动社会文明

◆ 管理科学是优化生产要素与生产关系配置的学问。

2020 年 7 月兼任宁夏能源协会会长谈管理是组织的生命

E

法律、制度、文化、风俗
是人生的红绿灯

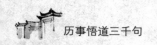

一、法律、制度是作用于人的工具

◆ 德治、礼治、法治、人治是人类社会四大秩序模式。

2020 年 7 月兼任宁夏能源协会会长谈所有制是治理方式变迁的根源

◆ 制度是克服组织弹性的唯一手段。

2013 年 10 月任宁夏经济和信息化委员会主任谈组织弹性是组织出现不公的制度原因

◆ 制度使管理淡化了人直接管人的尴尬。

2015 年 1 月任宁夏经济和信息化委员会主任谈制度管人淡化了人的血性

◆ 制度是势,权变是术。

2015 年 1 月任宁夏经济和信息化委员会主任谈用势省力,用术费心

◆ 制度是影响效率的乘数变量。

2017 年 5 月兼任神宁集团副董事长谈制度的利与弊都是乘数性放大

◆ 体制是刚性的制度。

2015 年 8 月任神宁集团党委书记兼副董事长谈体制是制度之首

◆ 制度是行为的空间和路线。

2001 年冬在山东省委党校一年制中青班学习谈制度

◆ 体制和机制是关于积极性的大学问。

2001 年 5 月在山东省委党校一年制中青班学习谈制度是能量的闸门

◆ 人性是一切制度的依据。

2001 年春在山东省委党校一年制中青班学习对政治经济学的思考

◆ 建立在心理学基础上的制度是永恒的。

1997 年秋任中共山东省委政研室处长对人性与制度的分析

◆ 组织结构是物化的生产关系。

2001 年秋在山东省委党校一年制中青班对制度的思考

◆ 体制、机制是调控社会的机器。

2003 年 6 月任广饶县委副书记兼常务副县长谈制度是潜在生产力变为现实生产力的关键

◆ 体制是臂，机制是指。

2017 年 10 月任神宁集团党委书记兼副董事长谈改革必须体制在先，机制在后

◆ 体制和机制是能量的闸门。

1989 年秋任在山东省委党校二年制研究生班学习与莱西县校长班交流发言

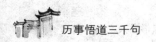

◆ 去中心、分布式的体制既有利防灾，又能形成多元动力点。

2018年7月于兼任宁夏能源协会会长谈去中心化是后现代化的必然趋势

◆ 程序和程序运行速度决定效率。

2004年10月任石嘴山市副市长谈程序是效率的渠道，运行速度是效率的保证

◆ 执行规矩比执行命令更高效。

2001年在山东省委党校一年制中青班学习谈执行制度主动，执行命令被动

◆ 体制、机构、机制是影响效率的工艺性要件。

1996年冬在山东大学读博对政府改革的思考

◆ 管理的层级越高、跨度越大、成分越杂，法制的效能越大。

2001年1月在山东省委党校一年制中青班学习谈法制价值

◆ 通过历史演进形成的制度是科学的。

2001年5月在山东省委党校一年制中青班学习对制度的分析

◆ 好的典章不等于好的现实。

1996年秋于山东大学读博谈历史的真实性不在于典章和正史文本，在于典章的执行程度和野史

◆ 人脉因时而变，法定长治久安。

2018 年 11 月兼任宁夏能源协会会长谈人脉因人变而变

二、制度和谐是社会和谐的根本

◆ 利益悬殊，对立加剧。

2010 年 2 月任石嘴山市市长谈利益是对立的根源

◆ 民自立，国运兴。

2010 年 2 月任石嘴山市市长谈民自立的意义

◆ 理性基础上的法制是民自立的条件。

2005 年 9 月任中共石嘴山市委常委兼平罗县委书记谈现代的法制

◆ 得民心的法才有持久的威。

2013 年 10 月任宁夏经济和信息化委员会主任谈良法是法治的前提

◆ 所有权是自主权的前提。

2001 年春在山东省委党校一年制中青班学习关于制度的几个问题的交流发言

◆ 自主才能自动。

2001 年春在山东省委党校一年制中青班学习谈社会活力的源泉是利益主体的自主和自动

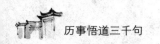

◆ 解放人是解放生产力的关键。

2001 年春在山东省委党校一年制中青班学习谈如何解放
生产力

◆ 春秋时代的私学引领了文化跃升，故私企之功不可
低估。

2009 年秋由春秋时代的私学联想到当代的私企

◆ 解放基层，激活百姓才能解放最广大的生产力。

2003 年 5 月任广饶县委副书记兼常务副县长谈依靠群众
必须从制度入手

◆ 产权制度派生政治制度。

2014 年任宁夏经济和信息化委员会主任谈经济基础

◆ 公有滋生私权，私有派生公权。

2010 年 10 任石嘴山市市长谈企业制度改革

◆ 对多数人而言无恒产则无恒心，无恒心则无恒计。

2017 年 8 月兼任神宁集团副董事长谈股份制势在必行

◆ 民治的经济才能产生民主的政治。

2013 年 6 月任宁夏经济和信息化委员会主任谈经济决定
政治

◆ 政府最根本的职能是解放生产力、保护生产力。

2013 年 10 月任宁夏经济和信息化委员会主任谈学校、科
研单位、企业是发展生产力的主体

◆ 市场经济是经济的人民战争。

2005 年 9 月任中共石嘴山市委常委兼平罗县书记在自治区县域经济观摩会上的发言

◆ 发展中小企业是防止出现垄断的经济基础。

2013 年 5 月任宁夏经济和信息化委员会主任在于芬兰考察有感

◆ 初次分配重效率，二次分配重公平，社会心态才平衡。

2013 年 5 月任宁夏经济和信息化委员会主任在芬兰考察有感

◆ 财政政策要瘦机关，强一线，厚科教，重国防。

2003 年冬任广饶县委副书记兼常务副县长谈财政支出结构

◆ 经济所有制既是经济组织的形式又是社会组织的基础。

2001 年春在山东省委党校一年制中青班学习对政治经济学的思考

◆ 公有制的表现形式是公职人员代理制。

2017 年 6 月任宁夏人大常委谈公有制

◆ 人人成为经济和社会发展的智慧源、动力源是国家强盛之源。

2010 年 3 月任石嘴山市市长谈人民群众的力量

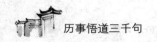

◆ 共产党执政、利他为先价值观、土地资产公有制是社会主义的三大特征。

2016 年 7 月任神宁集团党委书记兼副董事长作党课报告

◆ 权利包括人权和产权。

2000 年 4 月任山东省委政研室处长谈公民广义的权利

◆ 人的最高利益是人权。

2003 年春任广饶县委副书记兼常务副县长接受记者采访

◆ 高度的社会主义要坚持社会至上、人民至上。

2017 年 6 月任宁夏人大常委会常委兼神宁集团副董事长谈社会制度

◆ 生存利益、感情利益、经济利益、政治利益是人权的基本范畴。

2003 年春任广饶县委副书记兼常务副县长接受记者采访

◆ 好的激励机制必须是结构多元、权重突出、兼顾长远。

1996 年春任山东省委办公厅处长对领导科学的思考

◆ 在激励中制约，在制约中激励。

1996 年春任山东省委办公厅处长对领导科学的思考

◆ 谁受益谁监督是最佳的责任机制。

2005 年冬任中共石嘴山市委常委兼平罗县书记委谈有关联才有责任

◆ 有机性就是互动性。

2008 年 11 月在中央党校中青班学习谈组织与系统科学

◆ 互动才高级。

2005 年夏任中共石嘴山市委常委兼平罗县委书记谈体制
机制改革方向

◆ 自上而下扇耳光，自下而上磕响头是封建官制之弊。

2017 年 6 月任神宁集团党委书记兼副董事长谈官制

◆ 税制权归人民代表大会有助于政府职能回归。

2017 年 12 月任宁夏人大常委会常委兼神宁集团副董事长
谈人大的职能应制约税收

◆ 世界政体的趋势将是民主制与集中制的融合。

2001 年秋山东省委党校一年制中青班学习谈民主稳健、
集权高效

◆ 民主的前提是理性的法制。

2017 年 2 月任宁夏人大常委会常委兼神宁集团副董事长
谈民主与法制

◆ 民主与集中相结合是有机互补的政治机制。

2001 年秋在山东省委党校一年制中青班学习谈制度

◆ 民主制是共同体内部的自治政体。

2001 年秋在山东省委党校一年制中青班学习谈制度

◆ 集权制是以巩固统治为前提的政体。

2001 年秋任山东省委党校一年制中青班学习谈制度

◆ 集权制机械，民主制有机。

2001 年秋山东省委党校一年制中青班学习谈制度

◆ 战争旨在征服，治理旨在统御。

2001 年秋山东省委党校一年制中青班学习谈制度

◆ 集权者以道德为压舱石方能避险。

2020 年 6 月兼任宁夏能源协会会长谈集权制需要贤人集团

◆ 集体领导下的双首长负责制是组织治理最科学的模式。

2007 年 10 月任石嘴山市市长谈军队的双首长管理体制

三、防止过度依赖法制而失去政权根基

◆ 秦朝速亡的原因是用单一的苛法支配社会。

2020 年 8 月兼任宁夏能源协会会长谈法制

◆ 立法和执法是执政的刚性任务。

2015 年 1 月任宁夏经济和信息化委员会主任谈执政的本质是法律规范行为

◆ 当立法主体被怀疑后，法只是一纸空文。

2001 年春在山东省委党校一年制中青班学习对社会历史变革的思考

◆ 非民主的法制更容易引爆政权。

2018 年 11 月兼任宁夏能源协会会长谈秦朝因苛政而短命

◆ 只柔不刚无以成王，只刚不柔无以久王。

2006 年 2 月任中共石嘴山市委常委兼平罗县委书记对秦朝兴衰的思考

◆ 无霸无以成王，鲁也；纯霸无以久王，秦也；先霸后王，王霸并用，齐也。

1998 年秋在山东大学读博时读史有感

◆ 霸者，责归于民；王者，责归于君。

1998 年秋在山东大学读博时读史有感

◆ 霸者凭势，王者尚化。

1998 年秋在山东大学读博时读史有感

◆ 兵法，霸中有王。

1997 年冬任山东省决策咨询中心主任读《孙子兵法》有感

◆ 礼制，王中有霸。

1997 年冬任山东省决策咨询中心主任读史有感

◆ 礼仪生威。

2018 年 12 月任宁夏人大常委会常委谈礼仪之价值

◆ 统治靠刑赏，统御靠文化。

1999 年秋在山东大学读博谈统御力

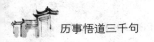

◆ 峻法治事功可速，私欲诱民物即盈，人心不化恶难克，法慑利驱无久功。

2015 年 12 月任神宁集团党委书记兼副董事长谈化人心才能长治久安

◆ 风俗对社会的规范最宽泛。

2006 年春任中共石嘴山市委常委兼平罗县委书记谈民风民俗的能量

◆ 文化风俗化是文化的最高形态。

2006 年春任中共石嘴山市委常委兼平罗县委书记谈民风民俗的能量

◆ 礼仪素养与社会文明成正比。

2018 年 12 月兼任宁夏能源协会会长谈礼仪与文明

◆ 礼貌是教养的窗口。

2018 年 12 月兼任宁夏能源协会会长谈教养与野蛮成反比

◆ 法律由治恶之法向劝善之法演进是社会文明的大趋势。

2005 年 6 月任中共石嘴山市委常委兼平罗县委书记谈社会进步

◆ 道、儒、墨、法构成了中国千年的秩序观。

2005 年 6 月任中共石嘴山市委常委兼平罗县委书记谈"三德一法"是中国的秩序观

◆ 德为法之帅是中国必须坚持的法治观。

2005 年 6 月任中共石嘴山市委常委兼平罗县委书记谈以德师法法长青

◆ 社会秩序的最高形态是以道德为导向、以法制为后盾的秩序。

2005 年 6 月任中共石嘴山市委常委兼平罗县委书记谈社会历史进步

◆ 法律道德化、制度文化化、文化风俗化是王道。

2005 年 6 月任中共石嘴山市委常委兼平罗县委书记谈社会历史进步

四、社会再造是正反合的规律，或官方改革，或民众革命，二者必具其一

◆ 社会结构的背后是制度结构。

2001 年春在山东省委党校一年制中青班学习谈改革社会必经改革制度

◆ 制度是已经亮出的盾，有盾必有矛。

2013 年 4 月任宁夏经济和信息化委员会主任谈上有政策、下有对策是必然的，制度不是万能的。

◆ 任何组织都会异化出或多或少的负能量。

2014 年 10 月任宁夏经济和信息化委员会主任谈监督的价值

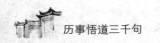

◆ 低成本运行是最理想的社会机制。

1995年冬任山东省委办公厅副处长谈制度的科学性与低成本成正比

◆ 降低交易和监督成本是制度改革的靶心。

2000年秋任山东省委政研室处长谈体制与机构改革

◆ 法久,必生弊。

2010年2月任石嘴山市市长谈改革

◆ 计划经济更多是纵向关系,层级多,效率低。

2010年5月任石嘴山市市长谈计划经济的社会结构是串联结构、层级结构

◆ 市场经济更多是横向关系,层级少,效率高。

2010年5月任石嘴山市市长谈市场经济的社会结构是并联结构

◆ 经济效率需要自主,政治效率需要集中。

2008年5月任石嘴山市市长谈政治要集中,经济要放权

◆ 生产关系越简单,生产力越发展。

2007年7月在山东大学读博读史有感

◆ 人身依附关系越淡化,社会越进步。

2005年6月任中共石嘴山市委常委兼平罗县委书记谈人类历史的轨迹

◆ 历史上仕阶层的兴盛是社会充满生机的标志。

1999 年秋在山东大学读博时读史有感

◆ 礼大伤国是鲁国之训。

2000 年春任山东省委政研室处长谈鲁国缺乏社会活力而早亡

◆ 反封建是中国长期的政治任务。

2013 年 10 月任石嘴山市市长在中欧国际工商学院学习谈中国文化

◆ 市场经济下政治相对平等，计划经济下经济相对平等。

2008 年 5 月任石嘴山市市长谈经济形态与政治

◆ 组织的先进性取决于组织成员的先进性。

2014 年 10 月任宁夏经济和信息化委员会主任谈制度惯性和文化惯性固然可以影响组织成员，然而组织成员也可以改变制度和文化

◆ 组织是瓶，成员是酒。

2014 年 10 月任宁夏经济和信息化委员会主任谈组织中的人决定着组织的价值

◆ 生产力固然最终决定生产关系，然而生产关系能够扼杀初生的生产力。

2018 年 7 月兼任宁夏能源协会会长谈要敬畏生产关系的反作用

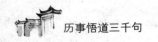

◆ 弹性社会解放生产力。

2010 年春任石嘴山市市长谈社会管理的方向

◆ 弹性管理可以预防风气偏执。

2009 年 10 月任石嘴山市市长谈集权易致偏执，民主利于弹性

◆ 物理现象或社会现象都是弹性优于刚性。

2010 年春任石嘴山市市长谈除军事组织外，弹性管理优于刚性管理

◆ 民主是政治的方式，人权是生存的方式。

2001 年秋在山东省委党校一年制中青班学习谈制度

◆ 高价值的民主要以释放智慧为主，以制约监督为辅。

2001 年秋在山东省委党校一年制中青班学习谈让民主释放智慧

◆ 释放智力的制度远胜于释放体力的制度。

2018 年 6 月兼任宁夏能源协会会长谈制度要立足于释放智力

◆ 科学的民主其实质是协商，未必是少数服从多数。

2009 年 6 月任石嘴山市市长谈民主方法与执行目的

五、改革要研究"人阻"，做新的增量是改革的高手

◆ 改革要用增量调存量。

1994 年春任山东省委办公厅副处长谈改革要从旧体制外

着手培育新的增量

◆ 改革从经济上切入最稳健，从体制外做起更高效。

1994 年春任山东省委办公厅处长谈改革切入点

◆ 若不给改革对象以生路，改革就是绝路。

2005 年 10 月任中共石嘴山市委常委兼平罗县委书记谈改革要确保改革对象的生路

◆无论是政治、经济、社会、军事，绝人就是绝己。

2020 年 11 月兼任宁夏能源协会会长谈工作及为人处事

◆ 经济是一种万能而稳健的力量。

2010 年 2 月任石嘴山市市长谈政治改变社会往往疾风暴雨，经济改造社会是最优的速度

◆ 用经济和文化推动社会变革更文明。

2008 年 8 月在中央党校中青班学习谈解放思想

◆ 存量重组与流程再造的改革最高效。

2005 年冬任中共石嘴山市委常委兼平罗县委书记谈工作要着眼结构和增量

◆ 群众拥护就是潜在的合法性。

2001 年 10 月在山东省委党校中青班学习谈把握改革的脉搏

◆ 社会信号是政治的气象预报。

2006 年 10 月任中共石嘴山市委常委兼平罗县委书记谈周朝设采诗官以察民情

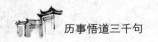

◆ 改革要问为了谁、对不对、行不行。

2000 年冬任山东省委政研室处长对改革的思考

◆ 社会变革的过程都是利益重组的过程。

1998 年秋在山东大学读博对戊戌变法的思考

◆ 政治家追求的是可行性与先进性的统一。

2008 年 7 月任石嘴山市市长谈巩固政权是政治家的底线

◆ 禁区性改革须舆论先行。

1997 年秋任山东省委政研室处长谈改革

◆ 改革不是毁灭，要循序渐进地解难题。

1999 年秋在山东大学读博谈改革的目的与方法

◆ 改革要研究"人阻"。

2008 年 4 月任石嘴山市市长谈改革

六、文化是民族、国家、组织的基因

◆ 以柔克刚，文化为上。

1988 年在山东省委党校二年制研究生班学习谈文化认同
可以弱化反抗

◆ 文化是引导社会的无形之手。

2001 年 5 月在山东省委党校一年制中青班学习谈文化的
价值

◆ 文化是无形的社会雕刀。

2010 年 11 月任石嘴山市市长谈文化

◆ 经济力高效，文化力持久。

2001 年 5 月在山东省委党校一年制中青班学习谈改变人的观念必须改变人的文化

◆ 改变物种须改变基因，改变社会须改变文化。

2000 年冬任山东省委政研室处长谈文化是战略

◆ 道德是社会文化的主题。

2011 年 10 月任石嘴山市市长谈文化的功能

◆ 政治柔和才能文化兴盛。

2001 年 5 月在山东省委党校一年制中青班学习谈政治和文化

◆ 文化对一个民族的影响比政治更久远。

2001 年 5 月在山东省委党校一年制中青班学习谈文化既是民族的灵魂，又是民族的血型。

◆ 民族必须有自己的精神殿堂。

2006 年春任中共石嘴山市委常委兼平罗县委书记谈民族精神

◆ 文化纯而又纯必将阻碍外来生产要素的融进。

2006 年 10 月任中共石嘴山市委常委兼平罗县委书记谈文化包容

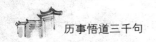

◆ 文化越包容，经济、政治、社会越融洽。

2007 年 10 月任石嘴山市市长对世界大语种功能的思考

◆ 重复是认同或同化的温床。

2018 年 7 月兼任宁夏能源协会会长谈长期相处、司空见惯是同化的条件

◆ 热爱它必须了解它。

2006 年秋任中共石嘴山市委常委兼平罗县委书记谈异地任职

◆ 人是活的文化载体。

1999 年夏在山东大学读博时读史有感

◆ 官员是传播、嫁接文化的旗手。

1999 年夏在山东大学读博谈北魏孝文帝是推动中华民族与中华文化大融合的先圣

◆ 礼和孝是人类区别于动物的文化特征。

1982 年秋在山东师范大学读本科学心理学有感

◆ 器物、行为、制度、信仰是文化的四大层级。

2011 年 10 月任石嘴山市市长谈文化

◆ 没有强制就没有礼制。

1996 年 8 月在山东大学读博时读史有感

◆ 制度习惯化谓之礼。

2007 年 8 月任吴忠市常务副市长对礼的分析

◆ 法与礼的力量，其背后都是剑的力量。

2007 年 8 月任吴忠市常务副市长对礼的分析

◆ 古代的仕评价君是一种文明的监督制约机制。

2015 年 10 月任神宁集团党委书记谈礼法并举

◆ 道德、制度、技术是支撑社会的三维力量。

2005 年冬任中共石嘴山市委常委兼平罗县委书记谈执政

F

历史已经进入人的品牌时代

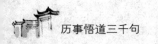

一、职业品牌是成长为职业家的旗帜

◆ 脑子、胆子、银子是牵引事业的三要件。

2019 年 10 月兼任宁夏能源协会会长谈事业需要智、胆、财的合力

◆ 经营好自己才能经营好事业。

2011 年 6 月任石嘴山市市长谈优秀的人必有优秀的回报

◆ 塑自己、塑平台、塑产品是职业品牌自塑的三大基石。

2016 年 12 月任神宁集团党委书记兼副董事长为中青班授课

◆ 性格开朗，人际和谐，业务精强，职业顺畅。

2003 年冬任广饶县委书记兼常务副县长谈干部素质

◆ 有形财富随时空变迁而消失，无形资产可穿越时空而长存。

1997 年冬任山东省委政研室处长谈无形资产比有形财富更重要、更持久

◆ 无形资产是靠有形价值积淀的产物。

1996 年秋任山东省决策咨询中心主任为河北中捷集团培训

◆ 可靠才能被信任。

2017 年 6 月任宁夏人大常委会常委兼神宁集团副董事长谈信任来自可靠，可靠来自品德和能力的统一

◆ 诚信可以置换社会资源。

2006 年冬任中共石嘴山市委常委兼平罗县委书记谈诚信

◆ 少无功德，老无底气。

1998 年夏在山东大学读博为鲁花集团培训

◆ 人品和能力是品牌的根。

2007 年 10 月任石嘴山市市长对历史上成功者的思考

◆ 良好的形象可以吸纳更多的社会资源。

1995 年春任山东省委办公厅副处长对企业形象的思考

◆ 凡是优秀的员工，一定是无形资产大于有形资产。

1988 年春在山东省委党校二年制研究生班学习为企业培训

◆ 职业品牌是职业素质、职业平台、职业产品的合金。

1995 年春任山东省委办公厅副处长对职业品牌的思考

◆ 好感是成功的先兆。

1988 年 10 月在山东省委党校二年制研究生班学习谈一见钟情才有可能深情

◆ 择业须自知劣势，谋事须辨知风险。

2017 年 7 月兼任神宁集团副董事长谈劣势败事的概率大于优势成事的概率

◆ 形象如瓷瓶，一锤即变零。

2010 年 5 月任石嘴山市市长谈好事多固，坏事一锤

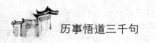

◆ 解除刻板印象或有色眼镜，须反其道而行。

1984 年夏任莱西县牛溪埠乡党委组织干事谈新大学生要实干、苦干、能干

二、合理定位才能顺利作为

◆ 科学定位，事半功倍。

2013 年 5 月任宁夏经济和信息化委员会主任谈角色定位

◆ 冷静才有时间搜索智慧。

2005 年 2 月任石嘴山市副市长兼平罗县委书记谈处置突发事件

◆ 不急，才能优选。

1999 年秋在山东大学读博谈工作方法

◆ 让事物充分展现方可对其充分认识。

1999 年秋在山东大学读博谈展现是认识的条件

◆ 在观察中酝酿智慧。

2008 年 12 月在中央党校中青班学习谈遇事观察一段，让子弹先飞一会儿

◆ 耐心观察是主政者重要的工作方法。

2008 年 2 月任石嘴山市市长谈观察酿造智慧

◆ 志向要以禀赋为基础。

2009 年 5 月任石嘴山市市长在宁夏回族自治区委党校培

训班上讲课

◆ 分析优势和劣势是择业的定位仪。

2005年4月任石嘴山副市长兼平罗县委书记谈择业与履职

◆ 情商高者搭台，智商高者打工。

2018年12月兼任宁夏能源协会会长谈情商是智商的元帅

◆ 性格、爱好、特长，影响职业方向。

2009年5月任石嘴山市市长在宁夏回族自治区委党校培训班上讲课

◆ 性格影响行为，行为影响事业。

2014年8月任宁夏经济和信息化委员会主任谈事业与性格

◆ 色励内荏，惹事败事。

2020年3月兼任宁夏能源协会会长谈狂者既惹事又败事

◆ 难想易干，创业稳健。

2014年11月任宁夏经济和信息化委员会主任谈易想易干靠汗水，难想易干靠智慧

◆ 专业是进退自如的根基，先做专业后做管理是大智。

2016年9月任神宁集团党委书记对专家式干部的感想

三、专心就能致志

◆ 无论对人或对事，专注产生感情。

2019年4月兼任宁夏能源协会会长读稻盛和夫《京瓷哲

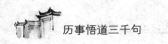

学》有感

◆ 大胆而心细，事业有出息。
1996 年秋任山东省决策咨询中心主任为山东电力系统干部班培训

◆ 多思细想是真正的高效。
2012 年 5 月任石嘴山市市长在青岛参加公务活动有感

◆ 细致出感情、出水平、出艺术、出保险系数。
1997 年春在山东大学读博为鲁花集团培训

◆ 细致才能扎实。
2001 年 5 月在山东省委党校一年制中青班学习谈工作作风

◆ 人性化需要用细节体现。
2010 年 6 月任石嘴山市市长谈服务

◆ 本事终身，财富一时。
1988 年春在山东省委党校二年制研究生班学习为润华世纪集团培训

◆ 工作是积能创牌的机遇。
1988 年春在山东省委党校二年制研究生班学习为企业培训

◆ 敷衍工作是敷衍人生。
1997 年秋在山东大学读博为鲁花集团培训谈岗位是积累能力的平台

◆ 用研究的心态履职必有奇迹。

2009 年 6 月任石嘴山市市长谈专心就能致志

◆ 三年入行，十年成器，是人才成长的量变轨迹。

2013 年 6 月任石嘴山市市长对"十年磨一剑""十年寒窗无人问"等诗句的感悟

◆ 墨池洗瘦千千笔，画龙方能善点睛。

2015 年 10 月任神宁集团党委书记兼副董事长点评书画家

◆ 心精才能业精。

1988 年春在山东省委党校二年制研究生班学习谈有匠心在业必精。

◆ 持之以恒就会成器成名。

2007 年 10 月任石嘴山市市长对民间剧团的思考

◆ 事情进入潜意识后就会心想事成。

2018 年 7 月兼任宁夏能源协会会长谈潜意识

◆ 良性积累才能良性转折。

1996 年秋在山东大学读博为真情集团培训

◆ 目标不变就会方法万千。

2020 年 9 月兼任宁夏能源协会会长谈目标不要轻变，坚持行动、尝试、改进、完善、往复循环

◆ 投机取巧，必然浮躁。

2006 年冬任中共石嘴山市委常委兼平罗县委书记谈取巧

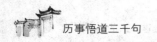

而浮躁，浮躁必碰壁

四、一个脑袋、一张嘴、一张脸皮、两条腿是平民创业的先期资本

◆ 事业是人生的火车头。

1999 年秋任山东大学读博谈事业是人生的杠杆

◆ 追求事业比追求财富会更长远。

2020 年 5 月兼任宁夏能源协会会长谈事业是人生的杠杆

◆ 用事业撑面子越撑越大，用虚荣心撑面子越撑越小。

2020 年 6 月兼任宁夏能源协会会长又谈面子是失败的引子

◆ 想法，不想就没有法。

2017 年 6 月兼任神宁集团副董事长为企业授课

◆ 人生度过几道坎，活在世上才闪光。

2009 年 9 月任石嘴山市市长谈坎坷与人生

◆ 做小事、细事是秘书和办事员的要事。

2012 年 4 月任石嘴山市市长谈秘书工作

◆ 陋习是人身上无形的索，越绕越紧。

2003 年 3 月任广饶县委副书记兼常务副县长谈改变习惯
要从痛苦开始习惯

◆ 欲扬先抑，必有奇迹。

2009 年 3 月任石嘴山市市长谈修养

◆ 粗中有细，出其不意。

2006 年 10 月任中共石嘴山市委常委兼平罗县委书记谈对人的观察

◆ 生命事业都会变，原因藏在几年前。

2007 年 10 月任石嘴山市市长创作的歌词《问自己》

◆ 人生难免多场戏，主角是自己。

2007 年 10 月任石嘴山市市长创作的歌词《问自己》

◆ 今天苦明天乐，古今都是这条辙。

2007 年 11 月任石嘴山市市长创作的歌词《辛苦传薪火》

◆ 机遇都在风险中。

2006 年 7 月任中共石嘴山市委常委兼平罗县委书记谈机遇与风险孪生

◆ 判断力是能力的核心。

2020 年秋兼任宁夏能源协会会长谈能力是多种力的集成

◆ 机遇都是朦胧的。

2007 年秋任吴忠市常务副市长谈对事情当十分有把握时就已经失去机遇

◆ 事物都是一分为二，两难时必须进。

2007 年秋任吴忠市常务副市长对地方发展机遇的思考

◆ 成事的人不是因为完美。

2004 年 10 月任石嘴山市副市长谈圣贤在于开明，并非是

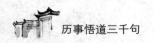

细处完美

◆ 乐观主义、理想主义是人生的阳气。

2006 年 6 月任中共石嘴山市委常委兼平罗县委书记谈有阳气心灵就阳光

◆ 舍得眼前利，方能图得远。

2007 年 11 月任石嘴山市市长在美国学习创作的歌词《图长远》

◆ 敢想又敢干，思路才"变现"。

2003 年夏任广饶县委副书记兼常务副县长谈事业

◆ 不管东南西北风，有胆有才多英雄。

1988 年春任莱西县委组织部干部科科长谈任何时代都有事业的机遇

◆ 无我之时才能进入最高的境界。

2004 年春任石嘴山市市长谈境界

◆ 有后路的冒险才是智勇双全。

2004 年 4 月任广饶县委副书记兼常务副县长谈有些风险成则王、败则寇，须智谋

◆ 犯错改错固然好，但成本太高。

2010 年 3 月任石嘴山市市长谈失败是昂贵的成本

◆ 有备用机制才能万无一失。

2013 年 4 月任于宁夏经济和信息化委员会主任谈零失误

须有保全机制

◆ 与探险高手同行才能进而不险。

2017 年 10 月兼任宁夏能源协会会长谈人生与谁为伍很关键

五、天助地助当然好，勤奋厚道最可靠

◆ 勤奋是财富的源，厚道是平安的宝。

2016 年 10 月任神宁集团党委书记兼副董事长所创作的歌词《勤奋厚道歌》

◆ 付出才能杰出。

2002 年秋任山东省委政研室处长为山东农业大学干部培训

◆ 做事不小气，方可成大器。

2006 年冬任中共石嘴山市委常委兼平罗县委书记论干部

◆ 奉献和付出是好人的基础。

1999 年秋在山东大学读博谈如何做一个好人

◆ 斤斤计较，难成大事。

1996 年春任山东省委办公厅处长为润华世纪集团培训

◆ 遇事不计较，小我即去，大我即到。

2020 年 4 月兼任宁夏能源协会会长时谈如何实现心理学家荣格提出的"大我"境界

◆ 付出是获得的法则。

2000 年春在山东大学读博谈付出与获得

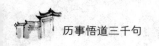

◆ 不付出，狗不理。

2008 年 8 月任石嘴山市市长养宠物有感

◆ 付出与向心力成正比。

2000 年春在山东大学读博谈付出与向心力

◆ 付出是最高贵的品质。

1987 年 3 月任莱西县委组织部干部科科长为全县校长培训

◆ 工作应付，渔鱼皆去。

1988 年春在山东省委党校二年制研究生班学习为企业培训

◆ 努力工作，渔鱼兼得。

1988 年春在山东省委党校二年制研究生班学习为企业培训

◆ 做事偷懒，能力递减。

1983 年 5 月在山东师范大学读本科谈经验、经历与能力成正比

◆ 人的技能、情感、思想都会在安逸中退化。

1999 年秋在山东大学读博谈安逸丧志、毁身

◆ 年年续根，才能年年收获。

2020 年 4 月兼任宁夏能源协会会长谈人生产出与植物产出有共性

◆ 做事靠谱靠勤奋，做人靠谱靠厚道。

2016 年 6 月任神宁集团党委书记兼副董事长所创作的歌词《勤奋厚道歌》

◆ 勤奋可以激活一切能量。

2010 年任石嘴山市市长谈勤奋是成功的第一块铺路石

◆ 勤奋是成就事业最经济的成本。

2010 年任石嘴山市市长谈勤奋是成功的第一块铺路石

◆ 勤奋既能积累能力，又能积累资本。

2010 年任石嘴山市市长谈勤奋是成功的第一块铺路石

◆ 任性、惰性是修养的克星。

2017 年 2 月兼任宁夏能源协会会长谈修养

◆ 谦与勤，值千金。

2017 年 3 月兼任神宁集团副董事长谈谦则和，和则顺；勤
则积，积则进

◆ 勤奋是融入群体的智慧。

2006 年 11 月任中共石嘴山市委常委兼平罗县委书记谈德
能勤绩中勤为先

◆ 勤奋既能成事又能积德。

2006 年 11 月任中共石嘴山市委常委兼平罗县委书记谈勤
奋是观察品行的窗口

◆ 胆子小、面子薄、架子高、身子娇，是事不成的主观原因。

2012 年 8 月任石嘴山市市长谈创业

◆ 善言善行善成者真丈夫。

2020 年 9 月兼任宁夏能源协会会长谈重行赏成

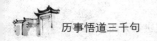

六、任劳立大功，任怨成大器

◆ 智养能，德养性。
2020 年 6 月兼任宁夏能源协会会长谈智与德决定能与性

◆ 吃亏是高尚，吃气才伟大。
2001 年冬在山东省委党校一年制中青班学习谈对多数人吃苦未必能吃亏，吃亏未必能吃气

◆ 任劳者多，任怨者少，大才者反其道。
2001 年冬在山东省委党校一年制中青班学习谈修养

◆ 选择了任怨就选择了竞争少阻力小的通道。
2001 年在山东省委党校一年制中青班学习谈修养

◆ 责任面前责己一度，素质提升一步。
1996 年 6 月任山东省决策咨询中心主任谈修养

◆ 成了归运气、败了归自己的心态是正能量。
1996 年 6 月任山东省决策咨询中心主任谈修养

◆ 多琢磨自己，少琢磨别人，才能轻装前进。
2000 年春任山东省委政研室处长对社会现象的思考

◆ 好斗必招斗。
2014 年 1 月任宁夏经济和信息化委员会主任谈和谐与事业

◆ 矛盾无处不在，斗事不斗气，人生成大器。
2014 年 2 月任宁夏经济与信息化委员会主任谈和谐与事业

◆ 把自己看得太重，事业难成。

2004 年 6 月任石嘴山市市长谈创业

◆ 跳出自己的势力范围才能感悟到做事的艰难。

2003 年 12 月任广饶县委副书记兼常务副县长谈修养需要
感知世事艰难

◆ 任何人、任何事物都有其致命的弱点，被攻必败。

2003 年 2 月任广饶县委书记兼常务副县长谈虎尾是虎的
致命处

◆ 偏好往往是被进攻的缝隙。

2003 年 2 月任广饶县委副书记兼常务副县长谈节欲

◆ 强者恃勇，弱者凭智，智者多胜，勇者少利。

1996 年冬在山东大学读博为真情集团培训

◆ 对后果看得更远的人是善于"长跑"的人。

2014 年 7 月任宁夏经济与信息化委员会主任谈人生"长跑"

◆ 为了未来要放下身段。

2013 年 6 月任宁夏经济与信息化委员会主任于芬兰考察
有感

◆ 不能自制就不能自立。

2003 年春任广饶县委副书记兼常务副县长谈干部情商

◆ 不能治身，要能治事。

2020 年 5 月兼任宁夏能源协会会长谈克己成业

◆ 大志抑小欲，远志抑近欲。

1997 年 4 月任山东省委政研室处长谈志与欲的关系

◆ 过瘾就是过度。

2018 年 6 月兼任宁夏能源协会会长谈少做过瘾的事，少说过瘾的话

◆ 胡说八道，成本极高。

2003 年 5 月任广饶县委副书记兼常务副县长谈过嘴瘾败事最简单

◆ 把好嘴关，人生安全。

2014 年 12 月任宁夏经济与信息化委员会主任谈修养先修嘴，修嘴先修心

◆ 言行过瘾，伤己伤人。

2001 年在山东省委党校一年制中青学习班自我反省

◆ 言行合身者，风雨少、甘露多。

2008 年 10 月在中央党校中青班学习看新闻有感

◆ 器官的功能越多其所系的祸福越多。

2003 年 10 月任广饶县副书记兼常务副县长委谈嘴的功能

◆ 用嘴巴赛跑者跑得越快越猛事越坏。

2020 年 11 月兼任宁夏能源协会会长谈要避免做嘴巴英雄

◆ 任劳不任怨，功德减一半。

2000 年春在山东大学读博时读《曾国藩》有感

◆ 任劳积功，任怨积德。

2000年春在山东大学读博时读《曾国藩》有感

七、在自然温差或社会温差大的环境下孕育的事物才有成长性

◆ 心理成熟才是人生成熟。

2007年10月任石嘴山市市长谈心理成熟需要历练

◆ 挫折历练是心理成熟的必备条件。

2004年1月任广饶县委副书记兼常务副县长谈要磨炼心理韧性

◆ 好的思想基础是可靠的人生财富。

2000年冬任山东省决策咨询中心主任对人生现象的分析

◆ 艰苦升华，安逸退化。

2004年5月在宁夏公选厅级干部任职会上的发言

◆ 主动吃苦幸福，被动吃苦痛苦。

2009年3月在任石嘴山市市长谈先苦后乐

◆ 给予关爱增加幸福，给予磨炼提升能力。

2019年6月兼任宁夏能源协会会长谈能力可积淀，幸福是瞬间

◆ 主动历练身苦，被动历练心苦。

2018年5月兼任宁夏能源协会会长谈主动吃苦是主动修养

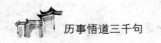

◆ 逆境是心理历练的最佳期。

2008 年 9 月在中央党校中青班学习谈破坏性试验出真品

◆ 破坏性试验出真品。

1999 年秋在山东大学读博时谈历练

◆ 人生价值是各转折点的均值。

2017 年 7 月任宁夏人大常委会常委兼神宁集团副董事长
谈只有往前看才能光明无限

◆ 经验、挫折都是金。

2011 年任石嘴山市市长所作歌词

◆ 挫折是另一种动力。

1999 年秋在山东大学读博谈挫折也是金

◆ 负刺激是高效教育。

2010 年 1 月任石嘴山市市长谈人在打击和痛苦中的认知
更深刻

◆ 缺少苦味的人生营养不全。

1999 年秋在山东大学读博谈历练

◆ 接受批评是最简单的历练。

1999 年秋在山东大学读博谈历练

◆ 小败是大胜的营养。

2004 年 1 月任广饶县委副书记兼常务副县长谈要磨炼心
理韧性

◆ 万事利弊共生，化弊为利是最高超的谋事。

2018 年 7 月兼任宁夏能源协会会长对 3M 公司化弊为利的感想

◆ 要把挫折和教训变成东山再起的能量。

2008 年 11 月任石嘴山市市长在井冈山干部学院学习谈失于彼得于彼者是大丈夫

◆ 同类事物永远是大的左右小的、强的左右弱的。

2011 年 9 月任石嘴山市市长对事物现象的分析

◆ 心境因时空而变。

2010 年 4 月任石嘴山市市长与干部谈心

◆ 不苛求环境的事物生命力强。

1999 年秋在山东大学读博谈野草与娇花的生命力

◆ 小人红火一时后越来越臭，君子艰难一时后越来越香。

2010 年 8 月任石嘴山市市长对做人的判断

◆ 事物在循环中平衡。

1999 年秋在山东大学读博谈事业与人生

◆ 好事想象得更好，坏事想象得更坏，是人的弱点。

2007 年 8 月任吴忠市委常委兼常务副市长谈对人的心理惯性的思考

◆ 想要乐观，干要冷静。

2020 年 6 月兼任宁夏能源协会会长谈理想与现实永远存

在剪刀差

◆ 对理想打点折扣有助于更好地面对现实。

2007 年 8 月任吴忠市委常委兼常务副市长谈理想与现实永远存在剪刀差

八、人生、经济、政治都要不断地用优质增量调存量

◆ 不同的时代造就不同的主流人才。

2006 年 1 月任中共石嘴山市委常委兼平罗县委书记谈不同的历史时代偏重不同的人

◆ 佛教用轮回观察平衡。

1996 年冬在山东大学读博谈人生价值

◆ 人要有历史感，思往、思今、思来。

1999 年于山东大学读博士谈具有历史感以善于规划人生

◆ 硬释放或软释放都能彰显人生能量。

1996 年秋在山东大学读博谈珍惜人生

◆ 优质积累与可持续发力成正比。

2017 年 5 月任宁夏人大常委会常委兼国能神宁集团副董事长谈优质积累才能优质飞跃

◆ 能量积淀后自然会发光。

2015 年 2 月任宁夏经济与信息化委员会主任谈立足主观改造客观

◆ 走捷径者因积累不足而经不起风雨。

2017 年 5 月兼任神宁集团副董事长谈捷径不可取

◆ 未来不由己，今天却由你。

2013 年 6 月任宁夏经济和信息化委员会主任于芬兰有感

◆ 植物有边行效应，政治有中心效应，边行与中心都是阳光雨露充沛的地带。

2014 年 8 月任宁夏经济和信息化委员会主任谈人才与环境

◆ 人生永远伴随着矛盾，非 A 即 B，非大即小。

2000 年春在山东大学读博感悟人生

◆ 心里装着大事就没有小事。

2000 年春在山东大学读博感悟人生

◆ 心大，事业大，命大。

2004 年秋任石嘴山市副市长谈情商、心境的能量

◆ 破罐子破摔，越摔越碎。

2007 年 10 月任石嘴山市市长对人事现象的观察

◆ 挫折和困难既是发展的机遇，又是一败涂地的拐点，因人而异。

2004 年 5 月任石嘴山市副市长对人生的思考

◆ 人生要在比较中安慰，在比较中奋进，在比较中借鉴。

2010 年 5 月任石嘴山市市长谈比较可以振奋心灵

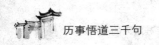

◆ 失败多责己，心底不积气。

2012 年 10 月任宁夏经济和信息化委员会主任谈正确对待失落

◆ 有悔则吉。

2007 年 8 月任吴忠市委常委兼常务副市长谈常悔常进

◆ 多责己，早成器。

1996 年 6 月任山东省决策咨询中心主任谈修养

◆ 成功只能在挫折和痛苦中不断接近。

2010 年 3 月任石嘴山市市长谈实践的意义

◆ 娇儿多危。

2018 年 8 月兼任宁夏能源协会会长谈一帆风顺者"骨"缺"钙"

◆ 发于良心，磨于诸事，方致良知。

2019 年 10 月兼任宁夏能源协会会长读《传习录》所感

九、人生的价值轨迹是重大转折点的连线

◆ 人生路上或然性多于必然性。

2010 年 4 月任石嘴山市市长谈人生现象

◆ 命是素质，运是机遇。

2008 年 3 月任石嘴山市市长谈论命运是唯物的

◆ 逢到大势为机，遇到贵人为遇。

2018 年 8 月于兼任宁夏能源协会会长谈机遇是客观的、变化的

◆ 天有四时，人有四运，不同的时运做不同的事，但不能不做事。

2012 年任石嘴山市市长谈人生处境有时像打台球，经常无法直接作用于目标球，但不能不打，要在打中赢得机遇

◆ 在名不正言不顺的情况下做成事的人是豪杰。

2005 年冬任中共石嘴山市委常委兼平罗县委书记对历史人物的思考

◆ 机遇，今天再晚也是早，明天再早也是迟。

2010 年 2 月任石嘴山市市长对上级领导讲话时的联想

◆ 时运不到的原因是量的积累不足。

2008 年 3 月任石嘴山市市长谈植物达到积温后才能开花结果

◆ 姜太公七十得志，八十主政，百二十九寿终。

2000 年秋任山东省决策咨询中心主任参观姜太公庙时对人生的感悟

◆ 人生动力多，失败不失落。

2013 年 11 月任宁夏经济和信息化委员会主任谈人生动力不可单一

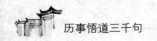

◆ 缺陷是另一种成功的条件。

2003 年春任广饶县委副书记兼常务副县长谈残疾人多有志

◆ 每一个器官都可以支持你生存下去。

2010 年 6 月任石嘴山市市长感身残志不残者

◆ 技能在手，天下可走。

2010 年 6 月任石嘴山市市长感身残志不残者

◆ 不甘心就是动力。

2006 年冬任中共石嘴山市委常委兼平罗县委书记谈人生现象

◆ 不安分者必有他志。

2006 年冬任中共石嘴山市委常委兼平罗县委书记谈人才

◆ 人生都可以重新开始。

2010 年 6 月任石嘴山市市长时谈身残志不残者

◆ 个人在自然和组织面前是渺小的。

2007 年 10 月任石嘴山市市长对政治现象的观察

◆ 势力不对等，休想平等。

2008 年 9 月在中央党校中青班学习时听民航局局长李家祥的报告有感

◆ 经济平等才有政治平等。

2018 年 8 月兼任宁夏能源协会会长谈经济是政治之基础

◆ 此一时彼一时，言行与身份要一致。

2007 年 8 月任吴忠市委常委兼常务副市长谈身心要随时归位

◆ 除生命之外万物皆宾。

2020 年 6 月兼任宁夏能源协会会长再谈奋斗信志，结局由命

十、机遇不会主动地向你走来

◆ 行动才能接近目标。

2019 年 2 月兼任宁夏能源协会会长谈目标不会向你走来

◆ 丧失一个机遇就丧失一个发展周期。

1996 年秋在山东大学读博谈抓住一个发展机遇就会超前一个发展周期

◆ 审慎行动优于周密思考。

2019 年 2 月兼任宁夏能源协会会长谈审慎行动赢得机遇，周密思考则可能失去机遇

◆ 对既得的东西过于留恋是失去机遇的根源。

2006 年秋任中共石嘴山市委常委兼平罗县委书记在干部会上谈留恋既得利益是扼杀新作为、大作为的人生之锁

◆ 放弃争取等于放弃了成功。

2013 年 6 月任宁夏经济和信息化委员会主任谈人人都有一个消极的我与积极的我在激战。

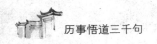

◆ 人的经历第一次越多其价值越大。

2006 年秋任中共石嘴山市委常委兼平罗县委书记在干部会上谈阅历酿造价值

◆ 一失不复的机遇不可犹豫。

1998 年秋任山东省委政研室处长谈果断、勇敢是成功的第一关

◆ 多做形象加号，少做形象减号。

2010 年秋在国家行政学院学习谈人生要正向积累

◆ 远走高飞才有更多的机会。

2005 年 6 月任中共石嘴山市委常委兼平罗县委书记谈人才现象

◆ 人生没有永久的阵地战。

2007 年 8 月任吴忠市委常委兼常务副市长谈社会越复杂越需要游击战

◆ 场域大则机遇多。

1998 年秋任山东省委政研室处长劝朋友进省城

◆ 上司是流水的"兵"，不可能影响你一生。

2004 年 1 月任广饶县委副书记兼常务副县长谈要磨炼心理韧性

◆ 迁徙可以创造新机遇

2005 年 7 月任中共石嘴山市委常委兼平罗县委书记谈飞

鸟善迁徙而空间无限

◆ 往者不可追，来者方可期。

2020 年 6 月兼任宁夏能源协会会长再谈心力不衰地青天蓝

◆ 城中乞丐讨钱，村中乞丐讨饭。

2001 年秋在山东省委党校一年制中青班学习谈环境决定价值

◆ 经济自主是自由的基础。

2013 年 6 月任宁夏经济和信息化委员会主任谈自由的条件

◆ 自由需要代价。

2004 年夏在石嘴山市市长谈获得与付出

◆ 好苗子容易赢得好水肥。

2006 年春任中共石嘴山市委常委兼平罗县委书记谈干部

◆ 多一分能量，则多一分自由。

2003 年秋任广饶县委副书记兼常务副县长谈人的成长

◆ 业务精强可耐风雨无常。

2017 年 10 月兼任神宁集团副董事长谈人才成长

◆ 礼邻敬上会赢得社会生态的滋养。

2017 年 10 月兼任神宁集团副董事长谈人才成长

◆ 能力是冲破人身依附关系的基本条件。

1997 年秋任山东省委政研室处长谈人要自立

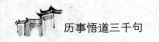

◆ 自主的时间、空间与自由成正比。

2000 年 11 月任山东省委政研室处长谈追求自由是人的本性

◆ 自由既是人类发展的目标，又是人类发展的手段。

2013 年 7 月任宁夏经济和信息化委员会主任谈自由的价值

◆ 民主是政治方式，自由是生存方式。

2020 年 11 月兼任宁夏能源协会会长谈自由高于民主

◆ 合法财富带来的自由其空间更大、更阳光。

2015 年 11 月任神宁集团党委书记兼副董事长谈财富的价值

◆ 合法而自主的财富是最好支配的资源。

2015 年 11 月任神宁集团党委书记兼副董事长谈财富的价值

◆ 责任由义务派生。

2015 年 11 月任神宁集团党委书记兼副董事长谈人生来就有义务所以有责任

◆ 精神、科学、实践三级递进事方成。

2017 年 5 月兼任神宁集团副董事长谈单一因素成不了大事

◆ 欲望、方法、道德三维导向路长通。

2017 年 5 月兼任神宁集团副董事长谈单一因素成不了大事

◆ 心、脑、行缺一事难成。

2017 年 5 月兼任神宁集团副董事长谈单一因素成不了大事

◆ 成功需要将军胆略、菩萨心肠、工匠作风。

2017 年 5 月兼任神宁集团副董事长谈单一因素成不了大事

◆ 人生价值是多变量的方程。

2019 年 11 月兼任宁夏能源协会会长谈人生偶然大于必然

领导者是情商统领智商的专家

一、领导要指点方向、整合资源

◆ 元帅指向，将军打仗。

2009 年 2 月任石嘴山市市长谈正职的工作重点

◆ 任何职业家都是专家。

2006 年 4 月任中共石嘴山市委常委兼平罗县委书记谈要用专家的心态研究工作

◆ 没有主见的主帅，不是真正的主帅。

2005 年 6 月任中共石嘴山市委常委兼平罗县委书记谈领导干部要有主见

◆ 若没有主意，用干部就没有方向。

2007 年 8 月任吴忠市委常委兼常务副市长谈工作思路是用干部的前提

◆ 发扬民主不等于没有主见。

2004 年 5 月任石嘴山市副市长谈"一把手"要有主见

◆ 参谋与操纵决于主帅是否有主见。

2005 年 6 月任中共石嘴山市委常委兼平罗县委书记谈民主

◆ 做事有多个原则，但必须弄清什么是第一原则。

2007 年秋任石嘴山市市长谈把握主要矛盾

◆ 若政出多门，权力泛滥，则国不兴，民不宁。

2018 年 12 月兼任宁夏能源协会会长谈政策叠加合成谬误

◆ 官员的价值在于通过整合社会资源推动历史发展。

2005 年 6 月任中共石嘴山市委常委兼平罗县委委书记谈从政的价值

◆ 地方官既要做流水的经济，又要做持久的符号。

2009 年 6 月任石嘴山市市长谈执政一方

◆ 能给历史留下美好记号的事就是执政的大事。

2006 年春任中共石嘴山市委常委兼平罗县委书记谈工作决策

◆ 主帅未必亲自做事，但必须亲自想大事。

1989 年春在山东省委党校二年制研究生班学习谈静思理题是主帅不可缺少的要事

◆ 关键的事，要亲自想、亲自做。

2011 年 2 月任石嘴山市市长谈毛泽东亲自拟定土地法大纲

◆ 集体审议不能代替个人负责。

2014 年 6 月任宁夏经济和信息化委员会主任谈集体审议的价值在于群策群力并非群主群治

◆ 团队目标要阶段化、数字化、实物化。

1999 年秋在山东大学读博谈目标管理

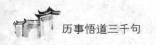

◆ 商与路孪生，水与农并蒂。

2003 年秋任广饶县委副书记兼常务副县长谈路与水是县域经济的基础

◆ 交通线是生产要素汇聚的轴线。

2005 年 6 月任中共石嘴山市委常委兼平罗县委书记谈越是贫穷或没有资源的地区越需要大交通

◆ 交通扶贫才能拔掉区域穷根。

2010 年 6 月任石嘴山市市长谈集中财力用交通大动脉把贫困地区与发达地区联通

◆ 靠产业催生科技，靠科技提升产业。

2011 年 6 月任石嘴山市市长对产业升级的思考

◆ 扬长用短、修旧利废，人类的资源增加一倍。

2003 年 7 月任广饶县委副书记兼常务副县长谈循环经济

◆ 平台支撑、产业驱动是发展区域经济的基本路径。

2014 年 11 月任宁夏经济和信息化委员会主任谈发展区域经济要以产业为中心，以园区为平台

◆ 人流是最大的物流和资金流。

1996 年春在山东大学读博谈区域经济

◆ 人才结构是一个地方是否繁荣的晴雨表。

2003 年 7 月任广饶县委副书记兼常务副县长在企业家座谈会上的讲话

◆ 第三产业是城市和工业的保姆。

2008 年 6 月任石嘴山市市长谈第三产业

◆ 旅游业既聚人流又拉物流。

2007 年 10 月任石嘴山市市长对发展沙湖旅游的思考

◆ 旅游业是区域知名度的持久广告。

2005 年秋任中共石嘴山市委常委兼平罗县委书记谈旅游业

◆ 讲故事是旅游和餐饮业的灵魂。

2005 年秋任中共石嘴山市委常委兼平罗县委书记谈旅游业

◆ 微笑,是服务业的神韵。

1988 年春在山东省委党校二年制研究生班学习为润华世纪集团培训

◆ 人的素质与国民经济成正比。

2003 年 2 月任广饶县委副书记兼常务副县长谈公民素质与地区繁荣的关系

◆ 人文品牌是推动区域经济发展的重要力量。

2010 年 3 月任石嘴山市市长谈让城市品牌吸附生产要素汇聚

◆ 除自然禀赋外人的观念落后是区域落后的第一因素。

1999 年 10 月在山东大学读博谈以色列、西班牙等国家自然条件很差但很富裕

◆ 干部要正、社会要稳、发展要快、后劲要足是地方主

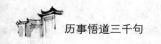

帅必须统筹的重点。

2006 年 2 月任中共石嘴山市委常委兼平罗县委书记谈持
续发展

◆ 体制机制、发展战略、选人用人是执政的杠杆。

2007 年 12 月任石嘴山市市长在石嘴山市人民代表大会上
的讲话

◆ 连锁思考是把握全局的好习惯。

2006 年 12 月任中共石嘴山市委常委兼平罗县委书记谈领
导在遇到问题需要决策时要连锁思考通盘考虑

◆ 有政治头脑者目光会更长远。
1997 年秋在山东大学读博谈从政

◆ 经济实力是经济活动中第一信誉。

2005 年 12 月任中共石嘴山市委常委兼平罗县委书记谈招
商引资

◆ 做官的独特价值在于领导千军万马改造社会。

2005 年 6 月任中共石嘴山市委常委兼平罗县委书记谈从
政的价值

◆ 工作分步走,优于一步就。
1994 年春任山东省委办公厅副处长谈领导科学

◆ 制定政策且勿按下葫芦浮起瓢。

2006 年 10 月任中共石嘴山市委常委兼平罗县委书记谈全

局政策

◆ 地方官既要做上级的"命题作文"，又要做地方的"自选文章"。

1989年春在山东省委党校二年制研究生班学习谈如何做地方官

◆ 政府要研究发展理念、发展战略和发展动力。

2007年12月任石嘴山市市长谈政府工作

◆ 很多工作像作文试题，若脱离主题是零分。

2007年6月任石嘴山市市长对部门工作的要求

◆ 科学执政是执政能力的核心。

2004年秋任石嘴山市市长谈执政

◆ 预防失败就是稳健的成功。

2015年3月任宁夏经济和信息化委员会主任谈成功的路径

◆善守为大智久智。

2020年7月兼任宁夏能源协会会长谈不被胜者即胜者

◆ 危机时剩比胜更重要。

2020年3月兼任宁夏能源协会会长谈疫情下的企业

◆ 重大决策既要与大趋势吻合，又要与人、财、物匹配。

2015年3月任宁夏经济和信息化委员会主任谈决策的思考维度

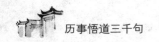

◆ 对难以监督的环节要以激励为主。

1997 年春任山东省委政研室处长谈人的心理

◆ 目标可以迫生手段。

1996 年秋在山东大学读博为富尔达集团培训

◆ 人是有潜能的，有时压任务比教方法更重要、更科学。

2009 年 11 月秋任石嘴山市政府市长谈调动下属潜能

◆ 上下级可以教学相长。

1999 年秋在山东大学读博谈领导干部要善于发现总结下级的经验

◆ 上级出题目下级做文章是促进工作的良方。

1999 年秋在山东大学读博谈推进工作的方法

◆ 从古到今执行允许创新。

2001 年春在山东省委党校一年制中青学习班谈古制将在外君命有所不受

◆ 简政比放权更重要。

2013 年 7 月任宁夏经济和信息化委员会主任谈简政是维护政府形象的治本之举，权力越多，失误必多

二、远见是领导者的资本

◆ 没有远见的事业将被历史快速淘汰。

2003 年秋任广饶县委副书记兼常务副县长谈远见与领导

者的能力、潜力成正比

◆ 重大决策往往都面临断指与断臂的抉择。

2003年秋任广饶县委副书记兼常务副县长谈决策只有利弊权衡，很难双全其美

◆ 思想深度与发展潜力成正比。

1987年8月任莱西县委组织部干部科长谈干部

◆ 远谋是可持续的条件。

2008年9月任石嘴山市市长谈让远见引领事业和人生

◆ 远见需要系统观和整体观。

2006年6月任中共石嘴山市委常委兼平罗县委书记时谈着眼全局和系统才有远见

◆ 执政，必须研究新生代。

2008年12月在中央党校中青班学习谈新生代占人群总数的三分之一强

◆ 跨代培养后备力量是战略家。

2006年8月任中共石嘴山市委常委兼平罗县委书记对我们党培养年轻干部的感慨

◆ 扶小助弱既是道德又是战略。

2010年8月任石嘴山市市长与同志交谈

◆ 长远、科学、可行是决策的准星。

1994年春任山东省委办公厅副处长对决策科学的思考

◆ 多听技术人员的"异意"对决策更有意义。

2010年6月任石嘴山市市长谈知识分子是实事求是的群体

◆ 看得远才有大思路。

2010年3月任石嘴山市市长在干部大会上的讲话

◆ 决策高远才能发展领先。

2005年春任中共石嘴山市委常委兼平罗县委书记谈谋划的境界决定发展质量和速度

◆ 最完美的未必是可行的。

2005年秋任中共石嘴山市委常委兼平罗县委书记谈决策

◆ 先进不等于完美。

2005年秋任中共石嘴山市委常委兼平罗县委书记谈完美永远在路上

◆ 广泛认同的绝不是超前的。

2005年秋任中共石嘴山市委常委兼平罗县委书记谈决策

◆ 只盯眼前得失必是急功近利。

2010年4月任石嘴山市市长谈急功近利者不可持续

◆ 少做人云亦云和以追赶为己能的事。

2006年10月任中共石嘴山市委常委兼平罗县委书记谈工作

◆ 实事求是包括真善美三个尺度。

2005年5月任中共石嘴山市委常委兼平罗县委书记谈要警惕把落后视为实事求是

◆ 防止夜郎自大须走出夜郎。

2005 年 5 月任中共石嘴山市委常委兼平罗县委书记干部大会上的讲话

◆ 有先进的见识才有先进的思想。

2003 年秋任广饶县委副书记兼常务副县长谈落后与先进相互同化

◆ 经常看先进才能防止被落后同化。

2010 年 8 月任石嘴山市市长在干部大会上谈解放思想要有标杆

◆ 眼界宽广才能解放思想。

2003 年秋任广饶县委副书记兼常务副县长谈夜郎国王很难解放思想

◆ 寻求外界刺激是解放思想最经济的动力。

2014 年 11 月任宁夏经济和信息化委员会主任谈人要经常寻找先进的坐标

◆ 战略家重基数，战术家重系数。

2000 年春在山东大学读博谈基数和绝对值重于系数

◆ 战略家、政治家通过制度和政策间接地惠众。

2001 年秋在山东省委党校一年制中青班学习谈政治家不可直惠于人

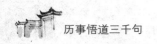

◆ 涉及面广的事无小事。

2005年2月任中共石嘴山市委常委兼平罗县委书记接受记者采访

◆ 政治要重视"市场份额"和"末梢神经"。

2003年3月任广饶县委副书记兼常务副县长谈党的建设

三、阶段论是决策者的宝剑

◆ 在大坐标中决策和行动才不至盲动。

2003年6月任广饶县委副书记兼常务副县长谈善于选择是大智慧

◆ 什么阶段抓什么事，不出大事。

2006年10月任中共石嘴山市委常委兼平罗县委书记谈地方工作

◆ 在系统中看阶段，在阶段中看重点，在重点中看联系。

1999年秋在山东大学读博谈决策

◆ 在全局中看局部，在局部中看全局、看联系。

1999年秋在山东大学读博谈决策

◆ 好的决策必须早谋加过程。

2006年6月任中共石嘴山市委常委兼平罗县委书记谈万事早谋才主动

◆ 格局是大局与小局的组合。

2018 年 6 月兼任宁夏能源协会会长谈在大系统框架下设
计小系统，小系统支撑大系统。

◆ 全面发展不否认有阶段重点。

2001 年春在山东省委党校一年制中青班学习谈任何时期
一切矛盾必然有主导的方面

◆ 民主与集中分置才能充分民主与高效集中。

2008 年 4 月任石嘴山市市长谈进一步优化民主与集中

◆ 上下互动、民主集中是决策的基本环节。

2006 年 6 月任中共石嘴山市委常委兼平罗县委书记谈正
确决策的程序

◆ 务虚会是民主议政的好形式。

2008 年 10 月在中央党校中青班学习谈重大决策会之前要
开务虚会

◆ 专家辅导、官员研讨是出台重要政策的巧妙前奏。

2008 年 1 月任石嘴山市市长对中央重要决策过程的观察

◆ 让社会讨论的过程就是动员社会的过程。

2003 年 6 月任广饶县委副书记兼常务副县长对领导科学
的思考

◆ 按程序决策可矫正情绪，减少失误。

2005 年 12 月任中共石嘴山市委常委兼平罗县委书记谈程

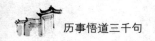
序是一种结构

◆ 善于找问题才能促进协调发展。

2006 年 10 月任中共石嘴山市委常委兼平罗县委书记谈地方工作

◆ 研究或判断事物要着眼其结构。

1999 年秋在山东大学读博读毛泽东的《中国社会各阶级的分析》有感

◆ 做事既要研究数理更要研究心理。

2002 年秋任山东省委政研室处长为山东农业大学干部讲课

◆ 大事之后要动员社会举一反三，吸取教训，总结经验。
2008 年 1 月任石嘴山市市长对某地处理群体事件有感

◆ 大事及时反省，素质不断提升。
2007 年 10 月任石嘴山市市长对历史上成功者的思考

四、重大决策要以智囊为基础、集体为保证、主帅为核心

◆ 断须以辩为基础。
2020 年 7 月兼任宁夏能源协会会长由法官断案联想到政府官员

◆ 效率必须服务于正确。
2004 年冬任石嘴山市副市长谈正确是决策的尺度

◆ 重大决策要有知识支撑和方法保证。

2001年春在山东省委党校一年制中青班学习谈经济活动

◆ 退二线的人议政具有轻装上阵的优势。

2009年3月在全国人民代表大会上所感

◆ 中国的人大、政协是可贵的经验智库。

2017年2月任宁夏人大财经委副主任委员时议事有感

◆ 决策重大事项要多学科共"诊",对抗式论证。

1996年秋任山东省委政研室处长为富尔达集团培训

◆ 任性是官员最大的陷阱。

2017年6月兼国能神宁集团副董事长谈民主作风

◆ 不可行性论证是可行性论证的必备环节。

2006年春任中共石嘴山市委常委兼平罗县委书记谈用反证认证正确是小学生都懂的方法

◆ 败事一人足,成事众人谋。

2017年6月兼任神宁集团副董事长谈民主比独裁更有安全感

◆ 决策与执行都要研究现状、目标、路径和执行人。

2006年9月任中共石嘴山市委常委兼平罗县委书记与班子成员谈话

◆ 执行快是决策时必须研判的原则。

2019年2月兼任宁夏能源协会会长谈决策的目的是执行

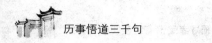

◆ 除紧急情况外决策方案隔时执行更具理性。

2013 年 10 月任宁夏经济和信息化委员会主任谈决策要有冷处理的过程

◆ 决策要分析上头、下头和外头。

1990 年春任莱西县城关镇镇长谈工作要把握"三头"

◆ 解决薄弱环节既易成功，又促平衡。

2005 年秋任中共石嘴山市委常委兼平罗县委书记时谈如何加快发展

◆ 突破瓶颈，价值倍增。

2005 年秋任中共石嘴山市委常委兼平罗县委书记谈如何加快发展

◆ 补齐就是发展。

2005 年秋任中共石嘴山市委常委兼平罗县委书记谈如何加快发展

◆ 寻找先进的坐标是决策者的高招。

2010 年 8 月任石嘴山市市长考察浙江省建德市有感

◆ 务实的思维往往产生于一线。

2011 年 11 月任石嘴山市市长检查交通安全有感

◆ 谋贵众，断贵独，行贵持。

1987 年春任莱西县委组织部干部科科长谈优秀主帅

◆ 决而不断必然一夫当关。

2005 年 6 月任中共石嘴山市委常委兼平罗县委书记谈主帅是进、退、守的关键

◆ 任何决策都没有完美之计，只能权衡利弊。

2005 年 6 月任中共石嘴山市委常委兼平罗县委书记谈主要领导的职责

◆ 建设不要怕打破坛坛罐罐。

2001 年秋在山东省委党校一年制中青班学习谈城市建设必然有破有立

◆ 度，只能在实践中把握。

2005 年冬任中共石嘴山市委常委兼平罗县委书记谈经验与度的关系

◆ 基础性不等于唯一性。

1998 年秋任山东省委政研室处长谈农业经济观

◆ 综合价值和持续价值是决策必须坚持的价值。

2017 年 7 月兼任神宁集团副董事长谈远见特征

◆ 效率是发展的基础，公平是和谐的砝码。

2001 年春在山东省委党校一年制中青班学习对社会问题的思考

◆ 信息不灵，做事难成。

2006 年春任中共石嘴山市委常委兼平罗县委书记谈信息

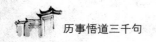

的价值

◆ 盲从就是风险。

2005 年 6 月任中共石嘴山市委常委兼平罗县委书记谈心中有数，做事不慌

◆ 信息在成事、败事中时序第一，成本最低。

2004 年 8 月任石嘴山市副市长谈侦察兵的意义

◆ 信息可以巩固人心，也可以瓦解人心。

1999 年春任山东省委政研室处长对一些突发事件的思考

◆ 信息不对称极易导致偏见。

2008 年 7 月任石嘴山市市长谈信息传播的意义

◆ 展现度与认知度成正比。

2020 年 7 月兼任宁夏能源协会会长谈传播和展现的价值

五、战略是目标，方法是通道

◆ 目标易定，方法难求。

2018 年 7 月兼任宁夏能源协会会长谈方法论更重要

◆ 理性地实践必须方法在前。

2017 年 11 月兼任神宁集团副董事长谈实践的价值在于方法

◆ 首先是抓重点，其次是弹钢琴。

1989 年春在山东省委党校二年制研究生班学习为企业培训

◆ 在利益的左右下，真理不可能人人都拥护。

2008 年 9 月在中央党校中青班学习谈对有些人而言真理代替不了利益

◆ 从事社会运动必须分析社会阶层。

2008 年 9 月在中央党校中青班学习谈毛泽东的《中国社会各阶级的分析》是中国的《共产党宣言》

◆ 研究社会，归纳优于演绎。

2006 年春任中共石嘴山市委常委兼平罗县委书记谈思想方法

◆ 做社会工作直来直去未必高效。

2000 年春任山东省决策咨询中心主任谈社会科学不同于自然科学

◆ 把握了事物的特殊性就把握了成功。

2007 年 10 月任石嘴山市市长谈要成功必须把握事物个性

◆ 重大决策要师出有名。

2009 年 6 月任石嘴山市市长谈改革艺术

◆ 事情的意义永远驱动着行为和技术。

2020 年 6 月兼任宁夏能源协会会长谈动员文章要先论述意义

◆ 要辩证施治，复合用力才是优秀的管理。

2000 年春在山东大学读博谈单一的治理措施必然把人引向极端

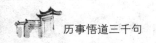

◆ 只顾其一，阴阳偏执。

2004 年 10 月任石嘴山市市长讲阴阳互动工作法

◆ 中庸即平衡。

2014 年 6 月任宁夏经济和信息化委员会主任对中庸的再认识

◆ 过于务实，难以升华。

2004 年 10 月任石嘴山市副市长谈做事要阴阳平衡

◆ 单求实用，必失美感。

2009 年 7 月任石嘴山市市长谈认为美是文明的趋势

◆ 职能是权力的载体。

1996 年夏任山东省委政研室处长为企业培训

◆ 调整职能就是调整权力。

1996 年夏任山东省委政研室处长为企业培训

◆ 予和夺都是权力。

2005 年春任中共石嘴山市委常委兼平罗县委书记对职权现象的分析

◆ 没有措施的计划是假设。

2000 年 5 月在山东大学读博谈限时工作

◆ 成功不在于定目标而在于实现目标的方法。

1997 年 6 月任山东省委政研室处长谈硬功夫主要体现在实现方法上

◆ 同样的目标因不同的路径和手段会产生不同的结果。

1997 年秋任山东省委政研室处长谈目标是境界，方法是硬功

◆ 科学的方法是最可靠的执行力。

2002 年 12 月任广饶县委副书记兼常务副县长谈执行力的实质是解决矛盾的方式和方法

◆ 目标要坚定，方法要辩证。

2008 年 2 月任石嘴山市市长谈既没有万能的道理，也没有万能的方法

◆ 工作千头万绪，人是第一绪。

2000 年春任山东省委政研室处长谈人的重要性

◆ 抓核心和抓骨干是创造组织能量的关键。

2005 年春任中共石嘴山市委常委兼平罗县委书记谈"一把手"工作

◆ 从分析人入手是推动工作的根本抓手。

1992 年秋任山东省委政研室处长谈人是事情的根本所在

◆ 人是土壤，先耕后种。

2003 年 5 月任广饶县委副书记兼常务副县长谈为官为民做人处事同理

◆ 开发团队既要开发人心又要开发人脑。

2003 年 5 月任广饶县委副书记兼常务副县长谈组织建设

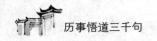

◆ 简约都是优秀的。

2008 年 7 月任石嘴山市政府市长再谈简约是抓住本质的简单

◆ 用简约的方法解决复杂的问题是战略家。

2006 年春任中共石嘴山市委常委兼平罗县委书记对工作方法的思考

◆ 方法，一半是智慧，一半是坚韧。

2002 年 12 月任广饶县委副书记兼常务副县长谈方法是圆梦的梯子

◆ 违背公认的规矩则凶多吉少。

2000 年春任山东省决策咨询中心主任为鲁电变压器厂培训

◆ 对大志者以长期激励为主，对小志者要即期激励。

1996 年秋任山东省委政研室处长对领导科学的思考

◆ 期权制可以运用到各个组织。

1996 年秋任山东省委政研室处长谈把企业管理机制引入政府

◆ 高潮到达之日，工作纠偏之时。

1987 年春任莱西县委组织部干部科科长对领导科学的思考

◆ 专职专责可增强压力，调动潜力。

2006 年 6 月任中共石嘴山市委常委兼平罗县委书记谈创新专事专人专责工作法

◆ 传导环节越多，信息失真的可能性越大。

1999 年秋在山东大学读博谈压缩传导环节是高明之举

◆ 态度随和，方式随便，才能听到民忧民怨。

2004 年冬任石嘴山市市长谈调研

◆ 检查工作是了解干部的好方式。

2003 年春任广饶县委副书记兼常务副县长谈检查工作既能察事又能察官

◆ 走到基层才能体察真情。

2000 年春任山东省委政研室处长谈要用五官的合力，不可单凭耳力

◆ 到一线，看一看，既察事又察官。

1988 年 10 月在山东省委党校二年制研究生班学习谈一线工作法

◆ 看百姓，串串门，信息原汁原味。

1988 年 10 月在山东省委党校二年制研究生班学习谈一线工作法

◆ 到基层，看一看，听一听，既能发现基层问题，又能增加群众感情。

1988 年 10 月在山东省委党校二年制研究生班学习谈一线工作法

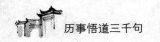

◆ 到现场，瞧一瞧，是抓落实的实招。

1988 年 10 月在山东省委党校二年制研究生班学习谈一线工作法

◆ 信任催生忠诚，但不能用信任代替管理。

1997 年春在山东大学读博对领导科学的思考

◆ 实、细、快、美，才是优良的官风。

2005 年 3 月任中共石嘴山市委常委兼平罗县委书记谈工作不实不细不快不美是干部的恶习

六、号令千军万马必须标准先行，标准决定价值

◆ 规模越大的事业越需要质量做保证，成者是功臣，败者是罪人。

1986 年 2 月任莱西县孙受乡党委组织干事组织植树造林谈标准决定价值

◆ 标准是大规模行动的指南。

1985 年 10 月任莱西县孙受乡党委组织干事植树造林现场有感

◆ 标准先行是推动工作的要令。

2005 年 6 月任中共石嘴山市委常委兼平罗县委书记接受记者采访谈标准是管理的尺度

◆ 决策没有高标准，执行就不会有高水平。

1999 年秋在山东大学读博谈高标准才能可持续

◆ 考核是指挥棒，务必聚焦大方向。

2005 年 9 月任中共石嘴山市委常委兼平罗县委书记谈
考核

◆ 当年兑现，三年平均，五年通算有利于长期激励。

2005 年 9 月任中共石嘴山市委常委兼平罗县委书记谈鸦
片式激励葬送组织

◆ 考核内容繁琐会锁住创新手脚。

2015 年 2 月任宁夏经济和信息化委员会主任谈日本索尼
公司的教训

◆ 量化是抓落实的必需手段。

1987 年春任莱西县委组织部干部科科长对领导科学的思考

◆ 好政策必须是利益性和操作性的统一。

2006 年春任中共石嘴山市委常委兼平罗县委书记谈政策
生命

◆ 个人负责才是真正的负责。

2014 年 10 月任宁夏经济和信息化委员会主任谈集体负责
可能会像集体经济一样无人负责

七、放不下小事，就抓不住大事

◆ 工作要抓重点、难点、热点、突破点。

2006 年秋任中共石嘴山市委常委兼平罗县委书记谈工作
方法

◆ 推动工作首先要激活千军万马，其次是添砖加瓦。

2006 年 9 月任中共石嘴山市委常委兼平罗县委书记与班
子成员谈话

◆ 政治主帅要出主意，用干部，调情绪，造舆论，督重点，
抓监督。

2007 年 2 月任中共石嘴山市委常委兼平罗县委书记在干
部会上的讲话

◆ 行政主帅要出主意，分任务，看结果，动监察，用审计。

2007 年 10 月任石嘴山市市长谈政府正副职领导分工

◆ 正职是设计师，副职是工程师。

2003 年 6 月任广饶县委副书记兼常务副县长谈正副职

◆ 设计师见识要广，工程师知识要专。

2003 年 6 月任广饶县委副书记兼常务副县长谈正副职

◆ 主帅一专多能更有前景。

2003 年 6 月任广饶县委副书记兼常务副县长谈正副职

◆ 正职须心胸豁达，副职须冲锋陷阵。

2003 年 6 月任广饶县委副书记兼常务副县长谈正副职

◆ 正职多做乘号，副职多做加号。

1987 年春任莱西县委组织部干部科科长对领导科学的思考

◆ 主官抓战略，副职抓战术。

1999 年秋在山东大学读博对领导科学的思考

◆ 主官管目标，副职管过程。

1999 年秋在山东大学读博对领导科学的思考

◆ 当好配角是进入主角的通道。

2017 年 5 月任宁夏人大常委会常委兼任国能神宁集团副
董事长谈配角

◆ 大制度管共性，小制度管个性。

2006 年春任中共石嘴山市委常委兼平罗县委书记对制定
政策的思考

◆ 只有合理才能持久。

2000 年春在山东大学读博为鲁电变压器厂培训

◆ 一个权力中心不等于一个权力支点。

1998 年秋任山东省决策咨询中心主任为临沂真情集团培训

◆ 多一分集权就少一分动力。

1998 年秋任山东省决策咨询中心主任为临沂真情集团培训

◆ 一把手要善于快速精准地"传球"。

2010 年 6 月任石嘴山市市长谈一把手高效工作的方法

◆ 集小权者小器，放小权者大器。

2000 年春任山东省决策咨询中心主任读历史人物传记有感

◆ 宏观管理者管方向，微观管理者管过程。

2000 年春任山东省决策咨询中心主任读历史人物传记
有感

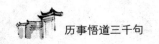

◆ 管理权越宏观，越要尊重一线。

2000 年 1 月在山东大学读博对历史人物的思考

◆ 善于放权的人都是统治力强的人。

2000 年 1 月在山东大学读博对历史人物的思考

◆ 有能力统才有胆略放。

2000 年 1 月在山东大学读博对历史人物的思考

◆ 要把领导集体变成多缸发动机。

2006 年春任中共石嘴山市委常委兼平罗县委书记在干部
会上谈多人尽责总比一人好

◆ 激活领导班子是调动千军万马的关键。

2006 年 9 月任中共石嘴山市委常委兼平罗县委书记谈"一
把手"职责

◆ 发挥领导成员的积极性是高层级的群众路线。

2006 年春任中共石嘴山市委常委兼平罗县委书记在干部
会上的讲话

◆ 对下级要划个"笼子"，解开"绳子"。

2002 年任广饶县委副书记兼常务副县长谈工作方法

◆ 高效的组织运行机制应该是原则引领，纪律保证，过
程自由，行为透明。

2021 年 2 月兼任宁夏能源协会会长谈创新组织运行机制

◆ 层次化可变繁为简。

2000 年春在山东大学读博为河北中捷集团培训

◆ 要让副职有价值。

2006 年春任中共石嘴山市委常委兼平罗县委书记在干部会上的讲话

◆ 动力问题是唤起民众的首要问题。

2006 年 6 月任中共石嘴山市委常委兼平罗县委书记谈动力问题是一切工作的根本问题

◆ 用人导向、事业前景、福利待遇决定团队的向心力。

2017 年 6 月兼任国能神宁集团副董事长谈团队向心力

八、工作艺术主要体现于工作程序和沟通方式

◆ 情感释放潜能。

1996 年春任山东省委政研室处长谈情感是人的内动力

◆ 联谊是管理的润滑剂。

2016 年 7 月任国能神宁集团党委书记兼副董事长谈工会经费要向班组倾斜，为班组联谊创造条件

◆ 定向、造势、调心、理气，是主帅的常功。

2003 年 5 月任广饶县委副书记兼常务副县长谈领导的基本功

◆ 指导、关怀、肯定、联谊有利于强化凝聚力。

2003 年 5 月任广饶县委副书记兼常务副县长谈领导的基

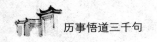

本功

◆ 沟通可以打通信息屏障和感情围墙。

2003 年 5 月任广饶县委副书记谈用沟通调心、理气、活血、化淤

◆ 思想工作是低投入高产出的工作。

2003 年 5 月任广饶县委副书记兼常务副县长谈领导的基本功

◆ 领导与下级互动，智慧无穷。

1999 年秋在山东大学读博谈互动与交流对领导工作的意义

◆ 沟通是理解的前提，理解是维护的条件。

2000 年春在山东大学读博为河北中捷集团培训

◆ 拨动了人心就能四两拨千斤。

2006 年 9 月任中共石嘴山市委常委兼平罗县委书记谈要善于用心理学推动工作

◆ 美的程序可以感化人心。

2003 年 5 月任广饶县委副书记兼常务副县长谈做事要注意程序美

◆ 工作艺术需要牺牲一定的效率。

2014 年 11 月任宁夏经济和信息化委员会主任谈艺术与效率的关系

◆ 妥协有时是务实地坚守。

2014 年 11 月任宁夏经济和信息化委员会主任谈艺术与效率的关系

◆ 批评若导致消极是批评之大忌。

2010 年 5 月任石嘴山市市长谈批评是为了期待

◆ 批评要先 YES 后 BUT。

1990 年任莱西县水集镇镇长谈批评和做思想工作都要先"充气"后"运球"

◆ 在核心层实施愉快式管理有益于核心层的向心力。

1996 年秋任山东省委政研室处长谈维系核心层的向心力更需要感情

◆ 对话要少用否定句和反问句。

1996 年秋在山东大学读博对领导科学的思考

◆ 愉悦的环境和心境会使更多的人释放潜能。

1996 年秋任山东省委政研室处长谈环境、心境对人的影响

◆ 批评的冲击力越强越容易反弹。

1996 年秋在山东大学读博对领导科学的思考

◆ 批评人应多批现象，少论动机。

2003 年春任广饶县委副书记兼常务副县长谈批评人勿伤人心

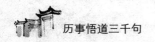

◆ 先软后硬更主动。

2009 年 3 月任石嘴山市市长谈社会工作方法

◆ 伤面子的批评可能会给小心眼的人留下硬伤。

1996 年秋在山东大学读博谈面子连心，伤面伤心

◆ 发脾气往往源于权势和居高临下的心态。

2014 年 1 月任宁夏经济和信息化委员会主任谈以平等的心态化解脾气

◆ 发脾气的真正效应是利他人伤自己。

2014 年 12 月任宁夏经济和信息化委员会主任谈少发脾气

九、处置急难险重性突发事件考验着情商、道德和能力

处理灾难性事件的原则：

一线指挥，果断迅速；

控制现场，快速救护；

掌握真相，安抚百姓；

报告上级，媒体沟通；

事故鉴定，科学定性；

追究责任，平愤正名；

善待媒体，主动沟通。

2000 年冬任山东省委政研室处长有感于 H 省火灾

处置群体性事件的原则：

宜疏不宜堵，宜分不宜聚；

宜早不宜迟，宜劝不宜激。

分流交通，封锁现场；

沟通信息，劝导有方；

分析诉求，是非明朗；

官错必改，民错必纠；

制止违法，理直气壮。

2001年冬在山东省委党校一年制中青班学习谈处置群体事件

处置质量事件的原则：

救死扶伤，人道至上；

批次锁定，技术鉴定；

通报原因，合理正名；

善待媒体，善言沟通；

亡羊补牢，追责严惩。

2014年3月任石嘴山市市长谈应急处置能力

处置负面报道问题的原则：

据理，据法，据事实；

事实相符，立即改正；

回馈媒体，态度坚定；

事实不符，立即申明；

语言温和，先礼后兵。

2010年2月任石嘴山市市长谈应急处置能力

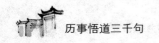

负面事件新闻发布会的原则：

讲事实，少定性；

讲态度，讲过程；

讲措施，讲现状；

官方讲，专家讲。

2013 年 5 月任宁夏经济和信息化委员会主任在中欧国际
工商学院学习谈应急处置能力

处置网络舆情的原则：

应对舆情，事前之功；

外联监管，内重监控。

一般舆情，莫急行动；

悄悄跟踪，集中删屏。

人格舆情，心态冷静；

只删不声，不挑易平。

2013 年 5 月任宁夏经济和信息化委员会主任在中欧国际
工商学院学习谈应急处置能力

◆ 大规模的事无小事。

2005 年 6 月任中共石嘴山市委常委兼平罗县委书记接受
记者采访

十、号召加指导，工作才高效

◆ 轰轰烈烈的事业必须依靠基层，依靠大众。

2003 年 6 月任广饶县委副书记兼常务副县长谈群众的力量

◆ 最简单的工作方法是抓基层、抓典型。

2003 年 5 月任广饶县委副书记兼常务副县长谈工作有多层，首先强基层

◆ 现场办公可以推动地方与部门互动。

2006 年春任中共石嘴山市委常委兼平罗县委书记谈工作方法

◆ 上级试点是难得的资源。

2003 年秋任广饶县委副书记兼常务副县长谈借力

◆ 争取上级的支持是下级必备的能力。

2001 年春在山东省委党校一年制中青班学习谈调动上级积极性，是下级最大的能力

◆ 示范，是最好的动员。

1992 年春任山东省委政研室秘书谈典型的价值

◆ 典型，是直观的经验。

1992 年春任山东省委政研室秘书谈典型的价值

◆ 决策要民主，执行要高效。

1999 年秋在山东大学读博谈决策需要智慧，执行需要力度

◆ 决策要准，执行要狠。

2006 年春任中共石嘴山市委常委兼平罗县委书记谈决策要实、要细，执行要紧、要狠

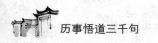

◆ 造势性会议宜大不宜小，落实性会议宜小不宜大。

1999 年秋在山东大学读博谈领导与管理的区别

◆ 用比较引导反思。

2007 年 8 月任吴忠市委常委兼常务副市长谈工作方法

◆ 引导团队多看星星，人们才能少看角落。

1997 年 12 月在山东大学读博谈要重视引导团队的注意力

◆ 要以理想和利益唤起民众。

2006 年 9 月任中共石嘴山市委常委兼平罗县委书记谈工作方法和号召力

◆ 为谋生而劳者痛苦，为意义而劳者幸福。

2010 年 6 月任石嘴山市市长谈让意义引领人生和工作

◆ 用普遍规律指导工作，用特殊规律保证质量。

2003 年 5 月任广饶县委副书记兼常务副县长在经济会议上的讲话

◆ 好官，既要做领头羊，又要做牧羊人。

2003 年秋任广饶县委副书记兼常务副县长谈领导角色

◆ 指导的前提是研究。

2007 年冬任石嘴山市市长对自治区领导指导工作有感

◆ 推动工作要把下命令与抓典型结合起来。

2007 年秋任吴忠市委常委兼常务副市长对中央表彰道德模范的思考

◆ 工作要抓关键的事、关键的人、关键的时。

1996 年秋任山东省委政研室处长为企业经理授课

◆ 要用科学、效率、成本去检验执政效能。

1999 年秋在山东大学读博谈现代政府是特殊的企业

十一、缓猛交替，必有盛世

◆ 与时代俱进、与世界俱进是政党长盛不衰的哲学根源。

2000 年 1 月任山东省委政研室处长所撰署名文章

◆ 主调不变，坚持完善，是政党长生的经验。

2008 年 2 月任石嘴山市市长学习《中共关于完善和加强党委集体领导的意见》有感

◆ 政党的先进性主要体现为思想方法的先进性、执政方式的先进性和社会人格的先进性。

2005 年 6 月任中共石嘴山市委常委兼平罗县委书记在先进性教育动员会上的讲话

◆ 人民性和自我革命性是先进政党的本质属性。

2016 年 12 月任神宁集团党委书记兼副董事长讲党课

◆ 政见不同乃客观存在，公开优于阴谋。

2016 年 12 月任神宁集团党委书记兼副董事长讲党课强调要发扬光明正大的政治品格

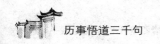

◆ 防止社会权贵化是政权建设的焦点。

2008 年 6 月任石嘴山市市长谈政权建设

◆ 政治异化是必然的规律，须主动变革。

2001 年春在山东省委党校一年制中青班学习对政治组织发展规律的思考

◆ 防止政治异化是执政党的战略任务。

1999 年秋在山东大学读博谈执政要防止政治异化

◆ 以人民为主体的治理体制是防政权体制异化的体制保障。

1999 年秋在山东大学读博谈执政要防止政治异化

◆ 官理民、民理官要有序地交替互动。

1999 年秋在山东大学读博谈执政要防止政治异化

◆ 反腐败就是反政治异化。

2001 年春在山东省委党校一年制中青班学习对政治组织发展规律的思考

◆ 没有人民的觉醒和参与，一切变革都是不彻底的。

1989 年春在山东省委党校二年制研究生班学习谈"人民战争"的意义

◆ 民主的首要问题是权力来源问题。

2013 年春任宁夏经济和信息化委员会主任谈选举制是民主政治的基础

◆ 执政要放弃一时的面子，鼓励反思，除弊兴利。

2008 年 1 月任石嘴山市市长对某地处理群体事件有感

◆ 由政权做支撑的改革其成本远远小于革命。

1998 年秋于山东大学读博谈改革成本

◆ 敏感而又必须变革可隔代立法，隔代实施。

2008 年 8 月在中央党校中青班学习对建设行政副中心的建议

◆ 戊戌变法，权弱必垮。

1998 年秋在山东大学读博谈政治变革需要权力或暴力作保障

◆ 政治集权、经济放宽是唐宋前期兴盛的经验。

1984 年冬在山东师范大学读本科时读史有感

◆ 只有制度文明才有持久的社会文明。

2005 年秋任中共石嘴山市委常委兼平罗县委书记对政治制度的思考

◆ 集体让贤制度无论是企业还是政权都是可行的。

2020 年 8 月兼任宁夏能源协会会长谈华为干部集体让贤

◆ 多元当中有主体是健康的社会结构。

2010 年 2 月任石嘴山市市长谈稳定的结构都是多元当中有主体

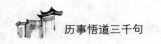

◆ 唐朝中枢是皇帝统辖的中书省决策，门下省复议，尚书省执行。

1996 年冬在山东大学读博时读史有感

◆ 官制、兵制、法制是任何国家必备的政治支柱。

2014 年 1 月任宁夏经济和信息化委员会主任谈政治体制

◆ 官簿子、枪杆子、密探子是封建社会统治的利器。

2008 年 10 月于中央党校中青班学习读史有感

◆ 矩阵式管理体制有利于条块之间互补、互制、互动。

1996 年冬在山东大学读博时读史有感

十二、软弱是主帅的政治缺陷

◆ 政治家是产妇，评论家是接生婆，接不接都要生。

1999 年秋在山东大学读博谈政治家的特性

◆ 政治家、军事家、企业家都是情商统领智商。

2005 年春任中共石嘴山市委常委兼平罗县委书记谈企业家

◆ 做事要刚，否则难成；做人要柔，否则难守。

2017 年 11 月任宁夏人大常委会常委兼任国能神宁集团副董事长谈工作要始于刚

◆ 政治家、军事家、企业家中铁腕人物居多。

2005 年春任中共石嘴山市委常委兼平罗县委书记委谈历史人物

◆ 主帅不振，三军丧志。

2003 年春任广饶县委副书记兼常务副县长谈领导的精神状态带动下属的激情

◆ 有性格的人创造奇迹或改变历史。

2000 年春在山东大学读博感悟人生现象

◆ 性格是天性，格局是修养。

2018 年 11 月兼任宁夏能源协会会长谈人的先天之性与后天修养都能影响人生

◆ 权威只能在"真枪实弹"中形成。

1999 年秋在山东大学读博谈成长要经风雨

◆ 没有刚性就没有弹性。

1992 年秋任山东省委政研室秘书谈刚是柔的后盾

◆ 事业开拓时期要坚持效率第一、艺术第二。

2000 年秋任山东省委政研室处长对领导科学的思考

◆ 主帅必须形成主导的执政地位。

2010 年 6 月任石嘴山市市长谈副职要维护主帅

◆ 圣人无硬功。

1998 年秋在山东大学读博时读史有感

◆ 勇于牺牲自身利益的人才能推动社会发展。

2004 年 5 月任石嘴山市市长谈工作要敢抓敢管

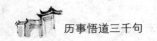

◆ 政府，要服务多数，强制少数。

2002 年 12 月任广饶县委副书记兼常务副县长谈历史现象

◆ 剑与笔是历史的两个本原符号。

2000 年春在山东大学读博时读史有感

◆ 在阶级社会中过于理想化是失败的思想原因。

2000 年秋任山东省委政研室处长谈执政口号不宜过于
超前

◆ 职责错位是最大的浪费。

1998 年夏在山东大学读博为山东鲁花集团培训

◆ 上级部门管方向管总量，下级部门管过程管事项是高
效政府改革的方向。

2015 年 2 月任宁夏经济和信息化委员会主任谈放权

◆ 政府对敌对势力要多行动少辩论。

2002 年秋任山东省委政研室处长谈与敌对势力辩论极易
把敌对方声势造大

◆ 若从善始一切皆可施。

2001 年冬在山东省委党校一年制中青班学习谈工作方法

◆ 只要济世可以破清规。

2007 年 8 月任吴忠市委常委兼常务副市长读《朱元璋》有感

◆ 大仁，必须纠不仁。

2000 年春在山东大学读博谈孔子的仁政

◆ 政猛经缓，权固物兴。

1996 年冬在山东大学读博谈对唐代武则天执政时期的感想

◆ 君不改造臣，臣必改造君。

1990 年 2 月任莱西县城关镇镇长谈领导权威

◆ 古今成功者都是霸道与王道之兼容。

1992 年冬任山东省委办公厅秘书谈历史人物

◆ 担当，可靠，百姓一定会称道。

1992 年冬在山东省委办公厅秘书谈历史人物

十三、菩萨心、霹雳剑是优秀主帅的两件宝

◆ 菩萨与包公要因时因事就位。

1996 年春在山东大学读博为企业培训

◆ 兵者，刚柔也，况政乎？

2020 年春任宁夏能源协会会长再读《吴起兵法》有感

◆ 统治需要道理、利益、感化、强制多元发力。

1990 年 8 月任莱西县城关镇镇长谈政权

◆ 攻坚克难必须身心正、思路明、作风硬。

2006 年春任中共石嘴山市委常委兼平罗县委书记对领导
干部干事、成事的思考

◆ 推动工作要始于阳刚，趋于中正。

2003 年 2 月任广饶县委副书记兼常务副县长读《周易》《论

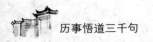

语》有感

◆ 概括成绩，细摆问题，更有动力。

2008年6月任石嘴山市市长谈总结工作

◆ 主帅的威信来自轰轰烈烈的事业而不是人缘。

2007年2月调离平罗县时收到大量的感谢短信有感

◆ 不同的角色其威信的支点各异。

2004年秋任石嘴山市市长谈"一把手"威信的支点是推动发展

◆ 用行为传播形象，用业绩彰显形象才是真形象。

2008年11月在井冈山干部学院学习谈官员形象

◆ 善惹善救才能高效推动工作。

2010年5月任石嘴山市市长谈主帅不能和稀泥，要善惹善救

◆ 压不住少数就对不起多数。

2006年5月任中共石嘴山市委常委兼平罗县委书记对执政权威的思考

◆ 过硬的队伍必须靠严细的管理。

1996年春任山东省决策咨询中心主任为润华世纪集团培训

◆ 带兵初始从严从细，来日才能省心省力。

2005年夏任中共石嘴山市委常委兼平罗县委书记谈秘书严谨细致，领导省心省力

◆ 人的潜能，一要激，二要挤。

2003 年 3 月任广饶县委副书记兼常务副县长与干部谈话

◆ 惩罚是高效的教育。

2003 年 4 月任广饶县委副书记兼常务副县长感悟"非典"疫情

◆ 虎无威，不如猫。

2006 年春任中共石嘴山市委常委兼平罗县委书记谈干部要履职尽责

◆ 严厉不等于暴躁。

2003 年 2 月任广饶县委副书记兼常务副县长谈工作艺术

◆ 主帅要平时亲，战时厉。

1996 年冬任山东省决策咨询中心主任读《孙子兵法》有感

◆ 对部下最大的人文关怀是政治关怀。

2008 年 3 月任石嘴山市市长谈对干部要调动情绪

◆ 缰紧马静，缰活马跃，缰失马狂。

1996 年春任山东省决策咨询中心主任谈执缰方有马温顺

◆ 执政要利驱之，德修之，法规之。

2014 年 5 月任宁夏经济和信息化委员会主任谈利益、道德、法制是执政的利器

◆ 理直就要气壮。

2006 年 3 月任中共石嘴山市委常委兼平罗县委书记在干

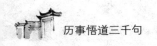

部会上的讲话

◆ 执政者代替不了所有人的利益。

2004年10月任石嘴山市市长读史有感

◆ 推动工作要利驱之，理导之，法催之，礼慰之。

1998年春任山东省委政研室处长谈工作方法

◆ 风气变坏，人人受害。

2015年6月任宁夏经济和信息化委员会主任谈一切向钱
看，人心就蜕变

◆ 对事要猛，对人要慈。

2000年1月任山东省委政研室处长谈官德

◆ 对官要猛，对民要善。

2000年1月任山东省委政研室处长谈官德

◆ 群众造世，精英治世，是辩证的历史唯物主义。

1999年秋在山东大学读博时谈人类历史现象

◆ 发展尚齐，守成尚鲁。

2000年1月任山东省委政研室处长谈齐鲁文化差异

十四、勇敢是成功的第一门槛

◆ 政客牺牲公众利益服务私利，政治家牺牲个人利益服
务公众。

2008年10月在中央党校中青班学习谈既要反贪官，又要

反庸官、防政客

◆ 解决矛盾才能推动发展。

1998 年秋任山东省委政研室处长谈成功有许多门槛

◆ 政治家是观念力与实施力的统一。

1997 年秋任广饶县委副书记兼常务副县长在第一届国际《孙子兵法》论坛上发言

◆ 幻想削弱决心。

2013 年 8 月任宁夏经济和信息化委员会主任谈工作要靠自身努力且莫幻想风调雨顺

◆ 主帅，若不是动力，就是阻力。

2007 年冬任石嘴山市市长谈主帅的重要性

◆ 矛盾如果无法回避，解决矛盾就要千方百计。

2010 年 6 月任石嘴山市市长谈攻坚克难

◆ 看准了事，看准了人，决一战，才能干成难事大事。

2010 年 9 月任石嘴山市市长谈招商引资

◆ 按政治门铃，需要智慧和业绩兼俱。

2013 年 6 月任宁夏经济和信息化委员会主任于芬兰有感

◆ 在有绝对权威的情况下对看准了的事可以用结果统一思想。

2000 年秋任山东省委政研室处长对领导科学的思考

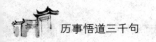

◆ 推动工作要抓心理起点、利益卖点、骨干支点。

1996 年冬任山东省委政研室处长为鲁花集团授课

◆ 效率与艺术,不可能同时出现。

2000 年秋任山东省委政研室处长对领导科学的思考

◆ 少请示多汇报,有益创造。

2008 年 1 月任石嘴山市市长谈如何创新

◆ 对事负责是最高尚的责任心。

2020 年 9 月兼任宁夏能源协会会长谈对人负责未必高尚

◆ 礼仪过度,损伤效率。

1988 年 10 月在山东省委党校二年制研究生班学习对礼仪
与效率的思考

◆ 过于谨慎约束能力。

2001 年夏在山东省委党校一年制中青班学习对行为、气
质的思考

◆ 大事急事务必用足能力或权力。

2001 年 5 月任山东省委政研室处长对某事想到没有做到
而错失机会的感悟

◆ 理论家是参谋长,政治家是司令员。

2001 年春在山东省委党校一年制中青班学习谈理论家可
以只说不练,政治家必须既说又干

◆ 政治明、经济清、作风正才能敢想、敢说、敢做。

2005 年 6 月任中共石嘴山市委常委兼平罗县委书记谈官员的事业之根

◆ 用权不慎，伤己伤人。

2013 年 8 月任宁夏经济和信息化委员会主任谈权力是老虎

◆ 想三步，才理性。

2013 年 10 月任宁夏经济和信息化委员会主任在中欧国际工商学院学习有感

◆ 过于超前者多数是殉道者。

2012 年 8 月任石嘴山市市长谈过于超前者不是政治家，大都是理论家、理想家

◆ 既要打破平衡，又要寻找平衡，往复交替，必有奇迹。

2013 年 6 月任宁夏经济和信息化委员会主任谈打破平衡才能推动前进，寻找平衡才能保证前进

◆ 解决复杂问题需要过程和时间。

2009 年 12 月任石嘴山市市长谈时运对解决问题的重要性

◆ 密度决定硬度，工作硬度可以通过密度去实现。

2018 年 6 月兼任宁夏能源协会会长谈密度产生硬度

◆ 情商是生产关系，智商是生产力。

1987 年春任莱西县委组织部干部科长对领导科学的思考

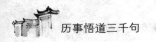

◆ 干事一要靠脑子，二要靠胆子。

2001 年任山东省委政研室处长谈有远见、不怕事才能成大事

◆ 大胆不妄为，必有大作为。

2000 年 6 月于山东大学读博谈个性与事业

◆ 既彰显才华又守住底线才能事成人安。

2017 年 10 月兼任国能神宁集团副董事长谈抱阴释阳，事成人安

◆ 机遇是靠胆量赢得的。

2008 年 10 月在中央党校中青班学习谈谨慎怕事很难产生大智慧

◆ 智与猛结合谓之英勇。

1998 年秋任山东省委政研室处长谈英勇不等于鲁莽

◆ 胆以智为根，智以胆而行。

2005 年 5 月任中共石嘴山市委常委兼平罗县委书记在干部大会上的讲话

◆ 科学与胆量，合成大能量。

1997 年春在山东大学读博对情商的思考

◆ 勇敢的人未必都是能人，但能人必然是勇敢的人。

1998 年秋任山东省委政研室处长谈成功有众多门槛，勇敢是第一门槛

◆ 毅力是素质的最高境界。

1996 年春在山东大学读博谈情商

十五、团结是第一政局

◆ 尊重人是王道。

2010 年 3 月任石嘴山市政府市长谈两人以上的事业就必须团结

◆ 人是万事之根。

2020 年 8 月兼任宁夏能源协会会长谈先人后事是哲理

◆ 大团结才有大收获。

1999 年 8 月在山东大学读博对领导科学的思考

◆ 正、清、和，为官的准则。

2020 年 11 月兼任宁夏能源协会会长对同学微信昵称的点赞

◆ 有矛就有盾，思想统一，则千矛对一盾。

2005 年冬任中共石嘴山市委常委兼平罗县委书记谈众志成城

◆ 团结第三世界相对容易。

2008 年 12 月在中央党校中青班学习谈国事民事同理

◆ 大团结的实质是和而不同，并非铁板一块。

2004 年 5 月任石嘴山市副市长谈团结与协作

◆ 民主生活会是秃子集体脱帽的好形式。

2005 年 6 月任中共石嘴山市委常委兼平罗县委书记谈民

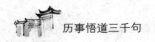

主生活会是集体亮丑

◆ 对存在的问题即事即时反馈优于月度、季度、年度反馈。

2021 年 2 月兼任宁夏能源协会会长谈即事即时反馈有利于及时改进，减少损失

◆ 团结，一靠德，二靠能。

2004 年 5 月任石嘴山市市长谈无德无能者不具备团结的磁力

◆ 能否团结折射着主帅的志向和能力。

2010 年 3 月任石嘴山市市长谈团结是统御的前提

◆ 上级一分隙，下级十里堑。

2014 年 10 月任宁夏经济和信息化委员会主任谈团队团结首先首脑层团结

◆ 主帅要多讲和谐，少讲对立。

2003 年冬任广饶县委书记兼常务副县长谈领导心理学

◆ 绝对的胜利必然留下绝对的伤痕。

2014 年任宁夏经济和信息化委员会主任谈全胜乃非胜

◆ 两军交战，围师必阙。

1996 年 6 月任任山东省委政研室处长读孙子兵法所感

◆ 血醒的战争尚且奉行不战而屈人之兵，况它乎？

2020 年 9 月兼任宁夏能源协会会长对战争尚且向善的感悟

◆ 从长计议就会不躁不急。

2007 年 9 月任吴忠市委常委兼常务副市长谈工作要树立
长久之心

◆ 既要小民主，又要小整风。

1999 年秋在山东大学读博谈管理技巧

◆ 工作，对事要敏，对人要钝。

2013 年 12 月任宁夏经济和信息化委员会主任回山东与后
辈谈话

◆ 共振才能共鸣，共鸣才能共谋。

1995 年冬任山东省委办公厅副处长谈共识是共谋的条件

◆ 君一旦疑臣，极易被反间。

1999 年 8 月在山东大学读博谈崇祯杀袁崇焕是明朝的
国难

◆ 让人说话是社会稳定的减压阀。

1997 年 10 月在山东大学读博谈民主的意义

◆ 民主有利于释放激情和智慧。

2006 年 9 月任中共石嘴山市委常委兼平罗县委书记谈激
情对成功的意义

◆ 主观、宗派、官僚是一切组织必须解决的问题。

2006 年 3 月任中共石嘴山市委常委兼平罗县委书记与干
部谈话

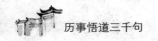

◆ 后说可以观察，后说会更有理。

2006 年 11 月任中共石嘴山市委常委兼平罗县委书记谈调
查研究

◆ 后说是真正的调查研究。

2006 年 11 月任中共石嘴山市委常委兼平罗县委书记谈调
查研究

◆ 不动声色地补短板，比大张旗鼓找问题更得人心。

2018 年 9 月兼任宁夏能源协会会长谈新官少说实做是
官德

◆ 高压统治，极易分崩离析。

2003 年 2 月任广饶县委副书记兼常务副县长谈秦朝

◆ 权谋只有威慑力，而产生不了向心力。

2006 年 9 月任中共石嘴山市委常委兼平罗县委书记谈营
造坦诚的组织氛围

◆ 认同感是政治向心力的基础。

2001 年春在山东省委党校一年制中青班学习谈领导基础

◆ 群众喜闻乐见的政治才是高超的政治。

2008 年 11 月在井冈山干部学院学习谈政治艺术

◆ 统一战线适用于一切领域。

2000 年 10 月任山东省委政研室处长谈新形势下的统一
战线

◆ 认为百分之九十九的人是好人应该是基本的世界观。

2007 年 8 月任吴忠市委常委兼常务副市长谈相信大多数人

◆ 依靠群众方能多几双眼睛。

2006 年 10 月任中共石嘴山市委常委兼平罗县委书记谈工作方法

◆ 把监督的尺子交给大众，吏治才高效。

1987 年春在山东大学读博对领导科学的思考

◆ 派驻巡视组可以更全面地识别干部。

2005 年 3 月任中共石嘴山市委常委兼平罗县委书记谈巡视组一要发现问题，二要发现好干部

◆ 群众是最坚硬的挡箭牌。

1999 年秋在山东大学读博谈多数人拥护的基本就是可行的

◆ 舆论是外来的手术刀。

2005 年 4 月任中共石嘴山市委常委兼平罗县委书记在新闻媒体座谈会上的讲话

◆ 民心是山，官心是墙。

2018 年 9 月兼任宁夏能源协会会长谈人心向背的基础在民不在官

◆ 深入基层才能理解社会。

2007 年 8 月任吴忠市委常委兼常务副市长谈接触基层的

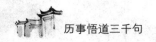

意义

◆ 隔绝自己焉能兼听则明？

2004 年秋任石嘴山市市长自警

◆ 主流舆论与非主流舆论共生才有利于执政者清醒。

2018 年 11 月兼任宁夏能源协会会长要处理好主流舆论与非主流舆论的关系

◆ 群众路线是目的与方法相统一的路线。

2018 年 6 月兼任宁夏能源协会会长谈坚持群众路线可以防止犯大的失误

◆ 根除官僚主义之日是官员其他不良作风消迹之时。

2018 年 10 月兼任宁夏能源协会会长谈官僚主义是一切不良作风的根子

◆ 企业的官僚主义归根到底源于体制。

2019 年 4 月兼任宁夏能源协会会长谈企业管理

释放他人的能量就是领导者的能量

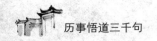

一、分权意识强的人是帅才

◆ 充分释放大众的心力、智力、能力，才是高超的领导力。

2003 年春任广饶县委副书记兼常务副县长谈领导干部的
境界

◆ 相信干部觉悟、相信干部能力、相信国家法纪，是放
权的政治逻辑。

2003 年春任广饶县委副书记兼常务副县长谈领导干部的境界

◆ 让下属做主人翁，管理就省功。

2016 年 10 月任国能神宁集团党委书记兼副董事长谈管理
要以释放下属能量为主，以控制为辅

◆ 独立核算机制是最好的自我管理机制。

2020 年 10 月兼任宁夏能源协会会长谈韩都衣舍的管理

◆ 主帅，一要下放权力，二要保护干部。

2005 年 6 月任中共石嘴山市委常委兼平罗县委书记谈放
权和保护积极性才能释放生产力

◆ 工作权力要分散，授权滥用要严办。

2005 年 5 月任中共石嘴山市委常委兼平罗县委书记谈工
作方法

◆ 话语权使主帅伟大，操办权使主帅悲哀。

2010 年 7 月任石嘴山市市长在干部大会上的讲话

◆ 事必躬亲的范围越大，频率越高，做成大事的可能性越小。

2005 年 10 月任中共石嘴山市委常委兼平罗县委书记谈"一把手"的工作原则

◆ 将以建功为荣，帅以用人为能。

1999 年秋于山东大学读博谈正副职职责错位是最大的浪费

◆ 领导，就是自己想事，让下属干事。

2005 年 10 月任中共石嘴山市委常委兼平罗县委书记谈"一把手"的工作原则

◆ 操办权既辛苦又有风险。

2010 年 7 月任石嘴山市市长在干部大会上的讲话

◆ 无论是政治还是经济，既要抓骨干，又要抓群体。

2008 年 1 月任石嘴山市市长谈骨干与群体要兼顾

◆ 激励与强迫都是驱动力。

1984 年冬在山东师范大学中文系本科读《韩非子》有感

◆ 润滑和摩擦都是克服阻力的方法。

2020 年 4 月做家务所感

◆协商与激励对敌我矛盾无济于事。

2020 年 6 月兼任宁夏能源协会会长谈协商与激励是内部管理机制

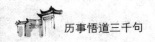
历事悟道三千句

◆ 激励是最强力的导向。

2015 年 11 月任神宁集团党委书记兼副董事长谈导向必须
配套激励

◆ 被信任度与幸福成正比。

1999 年秋在山东大学读博对领导科学的思考

◆ 群策群力有助于多视角审视。

1996 年秋任山东省委政研室处长为富尔达集团培训

◆ 群众路线是释放和利用众人智慧、众人能量的路线。

2010 年 4 月任石嘴山市市长谈要通过制度使社会人人成
为智慧源和动力点

◆ 职务与权力是成事的工具或杠杆。

2001 年 1 月在山东省委党校一年制中青班学习谈事业杠杆

◆赋权是最高效的激励。

2001 年 1 月在山东省委党校一年制中青班学习谈激励

◆ 赋权是规模优势与组织活性相结合的关键。

2001 年 1 月在山东省委党校一年制中青班学习谈组织规
模与组织生活性的统一

◆ 赋能需要赋权、统魂、助力。

2020 年 5 月兼任宁夏能源协会会长谈为下级赋能

◆ 旗子、帽子、袋子、面子、板子是管理者的工具包。

2006 年 2 月任中共石嘴山市委常委兼平罗县委书记谈即

期管理

◆ 给团队加温是最好的驱动力。

2020 年 5 月兼任宁夏能源协会会长谈驱动力

◆ 发"袋"不发"米"是最科学的经济激励。

2016 年 2 月任神宁集团党委书记兼副董事长谈经济激励

◆ 分工、分层、分解是抓落实的基本方法。

2006 年 10 月任中共石嘴山市委常委兼平罗县委书记谈抓落实基本方法

◆ 让多数人动脑、动手，才是最优的领导方法。

2006 年 9 月任中共石嘴山市委常委兼平罗县委书记与班子成员谈话

◆ 增加规范与减少请示成正比。

2018 年 6 月兼任宁夏能源协会会长谈用规范提高运行效率

◆ 直接支配是最低级的管理。

1987 年春任山东省决策咨询中心主任对领导科学的思考

◆ 大事业必须由团队去实现。

2005 年 6 月任中共石嘴山市委常委兼平罗县委书记谈团队的作用

◆ 重团队是大生产，重个人是小作坊。

2008 年 1 月任石嘴山市市长谈团队的重要性

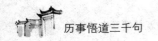

◆ 多元激励才能创造多元动力。

2007 年秋任石嘴山市市长谈要多元激励，让群体都有希望

◆ 表扬，是无成本的奖励。

2003 年 5 月任广饶县委副书记兼常务副县长谈表扬可以激发人的潜能

◆ 得人心在于关键事。

2008 年 12 月在中央党校中青班学习对社会现象的感悟

◆ 精神处罚有利于救人心。

2006 年春任中共石嘴山市委常委兼平罗县委书记对新加坡鞭刑的思考

◆ 有错必纠，不等于有错必究。

1997 年春任山东省委政研室处长为企业培训

◆ 情绪与能量成正比。

1999 年秋在山东大学读博谈抓班子带队伍必须调动情绪

◆ 激励不能使猴子成为骏马。

1996 年秋任山东省委政研室处长谈积极性不是万能的

◆ 在知识经济年代，积极性救不了一切。

1992 年秋任山东省委办公厅人事处秘书谈激励不是万能的

◆ 释放人的能量，一要着眼生产关系，二要着眼生产力。

1992 年秋任山东省委办公厅人事处秘书谈激励不是万能的

◆ 坚决地呵护先进的生产力。

2005 年冬任中共石嘴山市委常委兼平罗县委书记谈支持干部工作

◆ 大胆回报事业上拼命的人。

1988 年秋任在山东省委党校二年制研究生班学习时谈让能干事的人政治上、经济上立竿见影

◆ 荣誉激励，动力久，成本低，范围广。

1996 年春任山东省决策咨询中心主任对领导科学的思考

◆ 角色与释放潜能成正比。

1984 年 5 月在山东师范大学中文系读本科谈职务是干事业的杠杆

◆ 角色影响境界，职业影响潜能。

1984 年 5 月在山东师范大学中文系读本科谈担任班长的感想

二、识人用人是主帅的第一职责

◆ 多劳心于人，方省力于事。

2017 年 11 月兼任国能神宁集团副董事长谈主帅选人用人

◆ 用人导向和发展方略，是聚心聚力的两面旗帜。

2006 年秋任中共石嘴山市委常委兼平罗县委书记对宁夏回族自治区党委执政方略有感

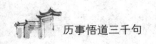

历事悟道三千句

◆ 抓吏制是执政的总抓手。

2005年3月任中共石嘴山市委常委兼平罗县委书记谈"一把手"工作

◆ 既出主意又用干部才是真正的执政。

2005年夏任中共石嘴山市委常委兼平罗县县委任书记谈执政必须有权威核心

◆ 一把手的性格、能力、志向是选官的筛子。

2011年7月任石嘴山市政府市长谈一把手素质至关重要

◆ 济世的机遇百年不遇,济人的机会无时不在。

2012年10月任宁夏经济和信息化委员会主任谈通过济人可济世

◆ 具有优秀主帅阅历的人主吏部,有助于人才辈出。

1988年春任莱西县委组织部干部科科长谈选人用人

◆ 吏部官员的水平影响着所选官员的水平。

1988年春任莱西县委组织部干部科科长读史书有感

◆ 核心层要有共识之士。

2005年冬任中共石嘴山市委常委兼平罗县委书记谈共识才能共谋

◆ 层次越高,越重共鸣。

2006年9月任中共石嘴山市委常委兼平罗县委书记谈领导者心态

◆ 非同频，难共振。

2020 年 11 月兼任宁夏能源协会会长谈共振才高效

◆ 调动一切积极因素不等于没有骨干。

2005 年夏任中共石嘴山市委常委兼平罗县委书记谈选用干部

◆ 关键岗位的人绝不可平衡与迁就。

2011 年秋任石嘴山市市长谈选用干部

◆ 关键时、关键事要用关键的人。

1996 年秋任山东省政研室处长为全省企业经理班培训

◆ 用人有时会失察，但不能因秕忌穗。

1997 年春在山东大学读博谈用人不可轻用，但不能不用

◆ 人才是历史积淀的产物，近选远育。

2006 年春任中共石嘴山市委常委兼平罗县委书记谈干部选用

◆ 良木易雕，既有的素质更重要。

2010 年 10 月任石嘴山市市长谈选人更高效

◆ "野生" 的人才比培养的人才更具开拓性。

2018 年 6 月兼任宁夏能源协会会长谈 "野生" 人才以道或心性成事居多，培养的人才以术成事居多

◆ 用人，一要选种子，二要造气候。

2006 年春任中共石嘴山市委常委兼平罗县委书记谈干部

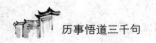

选用

◆ 寒士更加珍惜阳光。

1997 年春在山东大学读博为山东省司法系统干部班培训

◆ 修旧利废是重要的用人方略。

2007 年秋任石嘴山市市长对干部工作的思考

◆ 公平公正既是良心所使，又是社会所迫。

2015 年 1 月任宁夏经济和信息化委员会主任谈公平公正
既是一种境界，又是一种方法

◆ 风正，可以让人一心一意地工作。

2006 年春任中共石嘴山市委常委兼平罗县委书记对宁夏
回族自治区党委用人的感悟

◆ 要把战果作为用人的砝码。

1997 年春在山东大学读博为山东司法系统干部授课

◆ 受压抑的人一旦获得平台必有爆发力。

2007 年秋任石嘴山市市长谈要注意使用受压抑的人

◆ 先看结构，再看德才，会失掉一批人才。

2009 年 7 月任石嘴山市市长对一些现象的分析

◆ 缺乏数据意识的人，大都是做事不扎实的人。

1988 年春任莱西县委组织部干部科科长对干部工作作风
的思考

◆ 民主评议的准确性，取决于归类分析。

1988 年冬在山东省委党校二年制研究生班学习谈选官

◆ 哲学思维、专业知识、工作阅历是判断官员潜力的窗口。

1988 年秋在山东省委党校二年制研究生班学习谈选官

◆ 管理层级要与知识广度、思想境界成正比。

2000 年 8 月在山东大学读博为企业培训

◆ 培养人才看潜力，激励人才看显绩。

1988 年秋在山东省委党校二年制研究生班学习谈选用干部

◆ 用专家管理行业，有助于行业现代化。

2000 年春任山东省委政研室处长谈用人

◆ 用复合型人才治理地方有助于驾驭社会。

2000 年春任山东省委政研室处长谈用人

三、道德、能力、性格是人岗匹配的三块基石，权重因岗而异

◆ 识人要三筛，交往筛之，事情筛之，时间筛之。

2017 年 10 月兼任神宁集团副董事长谈识人

◆ 凡是时代的弄潮儿都是能人。

1997 年秋任山东省委政研室处长谈历史现象

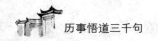

◆ 战争尚武不尚诗，是曹操责丕而选丕、爱植而弃植的原因。

1997 年春在山东大学读博谈选人要与主要任务相适应

◆ 用能者开疆，用德者安邦。

2016 年 4 月任神宁集团党委书记兼副董事长为中青班授课

◆ 德岗匹配、能级匹配、结构匹配，人才效益百倍。

2005 年 5 月任中共石嘴山市委常委兼平罗县委书记谈德与才都是相对的，要各得其所

◆ 人无全能，各有其性，人岗匹配，事业兴盛。

2009 年 5 月任石嘴山市市长谈对干部勿求全责备

◆ 贤者未必都有功，功者未必都是贤。

2001 年冬在山东省委党校一年制中青班学习对历史人物的分析

◆ 职务是事业的引擎，且无用于奖赏。

2019 年 4 月兼任宁夏能源协会会长感古代"德高授官，功高授禄"思想。

◆ 烈马历险，厚牛耕田，用人要专。

2007 年 3 月任吴忠市委常委兼常务副市长谈选干部

◆ 智商胜于情商的人不宜做主帅。

1988 年秋在山东省委党校二年制研究生班学习谈选干部

◆ 太精明者，误时局，误大局。

1988 年秋在山东省委党校二年制研究生班学习谈选干部

◆ 主帅不喜欢被动的兵。

1988 年秋在山东省委党校二年制研究生班学习为润华世纪集团培训

◆ 善执行、耐挫折、"傻"乎乎就是好干部。

1988 年秋在山东省委党校二年制研究生班学习为润华世纪集团培训

◆ 做官必须利民生、行民主、奉自谦，自谦是关键。

2011 年 6 月任石嘴山市市长谈好主帅的执政方向

◆ 自古以来贤者在野多于在朝，官须谦。

2020 年 10 月兼任宁夏能源协会会长谈为官须谦

◆ 方向确定后，方法就是决定性因素。

2008 年 10 月在中央党校中青班学习读毛泽东《关注群众生活，注意工作方法》

◆ 正、廉、勤、勇、能，全者为帅，单者为将。

2008 年 1 月任石嘴山市市长谈选干部

◆ 正、勇、廉、勤是官德的四柱。

2008 年 1 月任石嘴山市市长谈选干部

◆ 事业型人才是最优秀的人才。

2020 年 7 月兼任宁夏能源协会会长谈事业型人才是自驱

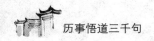

动人才

◆ 敢担当、善付出、耐挫折是最直观的官德。

2014 年 6 月任宁夏经济和信息化委员会主任谈官德

◆ 敢于冲锋就是道德，拿下碉堡就是能力。

2006 年 2 月任中共石嘴山市委常委兼平罗县委书记对干部工作的思考

◆ 务必呵护、重用自身正、敢碰硬、讲方法、比业绩的干部。

2010 年 7 月任石嘴山市市长在干部大会上的讲话

◆ 软蛋不宜在一线。

2005 年 3 月任中共石嘴山市委常委兼平罗县委书记谈一线干部要有硬功夫

◆ 硬功夫是一线干部立足的基石。

2005 年 3 月任中共石嘴山市委常委兼平罗县委书记与基层干部谈越是一线越要真枪实弹

◆ 让组织省心的人是能人。

2008 年 1 月任石嘴山市市长对某省主要领导工作方略的思考

◆ 对能者要多看结果，对弱者要关注过程。

1988 年秋在山东省委党校二年制研究生班学习为企业培训

◆ 多用善于执行的人。

2001 年春在山东省委党校一年制中青班学习谈团队中
80% 的人要善于执行

◆ 直爽是忠诚的基础。

2010 年 2 月任石嘴山市市长在银川与领导交流所感

◆ 寒士宜带兵，富门宜理财。

2013 年 9 月任宁夏经济和信息化委员会主任谈出身与职
业的适配性

◆ 能力不足固然不完美，品德不好可能是地雷。

2009 年 6 月任石嘴山市市长读史有感

◆ 家妻近臣，德为先。

2006 年春任中共石嘴山市委常委兼平罗县委书记学习历
史有感

◆ 从做事看做人是最准的识人。

1997 年春山东大学读博谈选用干部

◆ 形势变迁看德行，急难险重看才能。

2007 年 3 月任吴忠市委常委兼常务副市长谈在急难险重
的大事件中发现干部、考验干部

◆ 两面派得不到政治家的爱。

2007 年 3 月任吴忠市委常委兼常务副市长谈成吉思汗杀
叛逆不是杀人，杀的是背信弃义

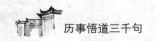

◆ 人如器，要着眼其使用价值。

1997 年春在山东大学读博谈选用干部

◆ 价值是相对于需求而言的。

2017 年 10 月任宁夏人大财经委副主任谈价值的相对性

◆非刚需之物的价值在于人的心动。

2017 年 10 月兼任宁夏能源协会会长谈再高贵的东西只要
不心动其价值等于零

◆ 无无用之物，况人乎？

2018 年 6 月兼任宁夏能源协会会长谈人尽其用是高明

◆ 人如器，用其利，规其弊，无需多顾忌。

1997 年春在山东大学谈古人用人

◆人如器，坚固耐用继续用，半途而废有前功。

1997 年春在山东大学读博谈古人用人

◆ 冲锋，要依靠年轻群体的激情。

2005 年 6 月任中共石嘴山市委常委兼平罗县委书记谈使
用年轻干部

◆ 多一分单纯，则多一分激情，少一分阴谋。

2005 年 6 月任中共石嘴山市委常委兼平罗县委书记观看
儿童节联欢会入场式有感

◆ 烈马难驭，能者不卑。

2005 年冬任中共石嘴山市委常委兼平罗县委书记谈人

才现象

◆ 聪明、能干、听话，难三全。

2005 年冬任中共石嘴山市委常委兼平罗县委书记谈人才现象

◆ 好胜者往往好斗。

2010 年 12 月任石嘴山市市长谈人的性格与行为

◆ 有人善干事但未必善做官，有人善做官但未必善干事。

2010 年 3 月任石嘴山市市长谈干部要干事

◆ 良人是良法、良治、良功的前提。

2004 年 8 月任石嘴山市市长谈人的素质的重要性

◆ 无论何法何制，人的素质第一。

2004 年 3 月任广饶县委副书记兼常务副县长谈制度不是万能的

◆ 同天、同地、同法、同制，而结局不一，根子在人的素质。

2004 年 3 月任广饶县委副书记兼常务副县长谈制度不是万能的

四、职业通道越多，职业活力越强

◆ 复杂的社会需要多元的人才。

2000 年冬在山东大学读博对选人制度的思考

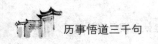

◆ 单一的选人方式必然导致单一的人才结构。

2000 年冬在山东大学读博谈单一的人才结构难以适应复杂的社会结构

◆ 人才像工具，齐全方顺手。

1987 年春在山东大学读博对领导科学的思考

◆ 形成专家链条，科技才能高效。

2006 年 3 月任中共石嘴山市委常委兼平罗县委书记谈专家队伍建设

◆ 诱导千军万马挤独木桥必然扼杀人才。

1996 年春任山东省委政研室处长谈企业管理

◆ 凭身世、职业选人，奴隶焉成良宰？

1988 年秋在山东省委党校二年制研究生班学习时谈我国夏、商、周时期许多宰相出身于奴隶

◆ 公考是毛遂自荐的合法形式。

1988 年秋在山东省委党校二年制研究生班学习时谈选用干部

◆ 公考是怀才不遇者的通道。

1988 年秋在山东省委党校二年制研究生班学习时谈选用干部

◆ 倡导毛遂自荐，选人视野无限。

1988 年秋在山东省委党校二年制研究生班学习时谈古代

选人可以自荐

◆ 鼓励人才上书是察人识才之路。

1988 年秋在山东省委党校二年制研究生班学习时谈知人识人

◆ 孔明七法选一人，无人可得，若七法选七人，人才济济。

1988 年秋在山东省委党校二年制研究生班学习时谈选用干部

◆ 廉、勤、勇、能是选官的要令。

1998 年春于山东省委党校二年制研究生班学习时谈选用干部

◆ 人才济济方能人才竞争。

2000 年冬任山东省委政研室处长谈营造竞争氛围

◆ 能人遍天下，国人思天下。

2001 年春于山东省委党校一年制中青班学习时谈无为而治的社会基础

◆ 少设副职，多设助理，是科学的官制。

2000 年 3 月在山东大学读博谈古代官制的启示

◆ 后备干部助理制，既利于释放能量，又利于社会监督。

2006 年 10 月任中共石嘴山市委常委兼平罗县委书记谈把后备干部推向一线，让群众评判

◆ 舍得实践成本，方可真正培养和识别人才。

2006 年 10 月任中共石嘴山市委常委兼平罗县委书记对干

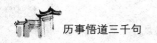

部工作的思考

◆ 轮岗是职业激励的好方式。

1992 年春任山东省委办公厅人事处秘书谈交流或轮岗可以缓解干部的心理懈怠

◆ 土地休耕高产，干部轮训高质。

2008 年 11 月在中央党校中青班学习时谈轮训可以促进干部能力提升

五、管理对象、管理环境、管理者是管理的三大变量

◆ 生产场、生活场、外力场是管理者的三大时空。

1985 年春任莱西县委组织部干部科科长谈管理者要有场域意识

◆ 生产场要严，生活场要柔，外力场要和。

1985 年春任莱西县委组织部干部科科长谈生产场、生活场、外力场，要因场而异

◆非势力范围内的工作欲顺，80% 靠润。

2020 年 7 月兼任宁夏能源协会会长谈对外界协调和润滑的事项占人生的 99%

◆ 务实的智慧只能在现场中产生。

1985 年春任莱西县委组织部干部科科长谈现场管理

◆ 对话使你深思，场景让你生智。

1985年春任莱西县委组织部干部科科长谈现场工作法

◆ 既要硬规范，又要软激励，方可阴阳互济。

1997年春在山东大学读博为烟台企业经理培训班授课

◆ 幸福感是团队凝聚力、战斗力的心动力。

2018年6月兼任宁夏能源协会会长谈良知管理激发心动力

◆ 用环境诱导人的行为是管理的王道。

1988年春在山东省委党校二年制研究生班学习时谈用环境管理人

◆ 环境文雅，言行彬彬；环境柔和，人际和谐；环境舒适，心灵手巧。

1999年秋在山东大学读博谈企业管理要用环境影响人

官德厚实，官根扎实

一、政治明、经济清、作风正是三大官根

◆ 防人不如自身正。

2000年1月任山东省委政研室处长谈自身正，一身轻

◆ 市场经济条件下，政治斗争往往表现为经济斗争。

2007年10月任石嘴山市市长谈政治问题经济算账是新动向

◆ 在人情难却时小不忍会乱大谋。

2007年秋任石嘴山市市长对托情问题的思考

◆ 慎酒、远色、轻财是官员的防祸隔离带。

2008年1月任石嘴山市市长谈官员落马

◆在物欲横流的社会，德者永安。

2020年9月兼任宁夏能源协会会长再谈心正、事遂、人安

◆ 重视无形资产积淀是官员的政治远见。

2007年秋任吴忠市委常委兼常务副市长谈官员要有仕之风骨

◆ 有形资产管现在，无形资产管未来。

2007年秋任吴忠市委常委兼常务副市长对高官落马的思考

◆ 有形资产助家，无形资产兴族。

2007年秋任吴忠市委常委兼常务副市长对高官落马的思考

◆ 自私是人生陷阱，傲慢是事业天堑。
1999 年秋在山东大学读博谈警惕人的弱点

◆ 腐败首先阻碍发展，其次葬送自己。
2007 年 10 月任石嘴山市市长谈腐败之害

◆ 贪，是一颗高质量的定时炸弹。
1995 年秋任山东省委办公厅副处长对反腐的思考

◆ 腐败案件是连环的地雷。
2007 年 10 月任石嘴山市市长谈腐败之害

◆ 干事、律己，就不怕风云起。
2013 年 10 月任宁夏经济和信息化委员会主任谈官员一要干事，二要干净

◆博知约行者谓之儒。
2020 年 12 月兼任宁夏能源协会会长谈为官要做儒官

◆ 不干事无以建功，不干净无以保身。
2013 年 10 月任宁夏经济和信息化委员会主任谈干事、干净，必有前景

◆ 舍予为舒。
2009 年 5 月任石嘴山市市长为生态园命名为舍予园的初衷

◆ 善舍善予者乃大德。
1995 年秋任山东省委办公厅副处长谈舍、予是修养

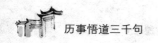

◆ 有管理就有矛盾，廉与正是防身之盾。

2008 年 1 月任石嘴山市市长谈有管理就有矛盾，不要在政治、经济、道德上自立靶子

◆ 抵御诱惑最好的办法是远离诱惑。

2010 年 8 月任石嘴山市市长谈自助餐

◆ 经济不独立，政治被操纵。

2008 年 2 月任石嘴山市市长全体干部会上的讲话

◆ 缺乏道德性和合法性的产权，可能随时失权。

2001 年春在党校一年制中青班学习谈无德之利存续一时

◆ 百姓的生产关系最简单，反腐败、反官僚主义最坚决。

1999 年冬任山东省委政研室处长对反贪机制的思考

◆ 好官视社会约束重于组织约束。

2017 年 10 月任宁夏人大常委会常委谈干部觉悟

◆ 权钱兼得类似于驴马杂交，力大种绝。

1999 年冬任山东省委政研室处长谈骡的力量强于驴、马，然物种不可繁育

◆ 好事兼得违背大均衡的天道。

1999 年冬任山东省委政研室处长对官德与天道的思考

◆ 干事不惹事，人生有后劲。

2005 年冬任中共石嘴山市委常委兼平罗县委书记谈要善于谋事

◆ 看亡人，看犯人，看病人，看贫人，看基层，净化心灵。

2001 年秋在山东省委党校一年制中青班学习谈人的心态
要冷热交替

二、做官可以让人怕，但不能让人恨

◆ 权力是双刃剑，公道才安全。

2017 年 9 月任宁夏人大常委会常委兼国能神宁集团副董
事长谈公道是官员立德、立身、立业之本

◆ 因有矛盾才设官，回避矛盾是奸官。

2006 年 3 月任中共石嘴山市委常委兼平罗县委书记在干
部会上的讲话

◆ 人群的觉悟若整齐划一，就失去了官的价值。

2005 年 6 月任中共石嘴山市委常委兼平罗县委书记谈要
理解社会

◆ 责任心是最大的职业道德。

2006 年 9 月任中共石嘴山市委常委兼在平罗县委书记在
干部大会上谈职业道德的底线是尽职尽责

◆ 贤者无敌，大德大功；滑者无敌，无德无功。

2014 年 11 月任宁夏经济和信息化委员会主任谈贤官与滑
头对社会的作用截然相反

◆ 和谐不等于圆滑。

1999 年秋在山东大学读博谈官德

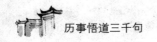

◆ 解决矛盾才有根本的和谐。

1999 年秋在山东大学读博谈官德

◆ 和谐要面向多数人而和谐。

1999 年秋在山东大学读博谈官德

◆ 对多数人而言责任心比爱心更可贵。

2010 年 6 月任石嘴山市市长谈责任心并非全源于爱，心动之而未必行之

◆ 恻隐之心与解救之行是质的区别，后者多为政治家。

2010 年 5 月任石嘴山市市长谈中国共产党的伟大

◆ 为百姓谋利益，为历史留业绩，为社会留口碑是好官的价值定位。

2011 年 10 月任石嘴山市市长对公务员精神的思考

◆让客户驱动企业，让百姓驱动政府。

2019 年 11 月兼任宁夏能源协会会长谈任何组织都必须以客体为本

◆ 官吏贤能，社会兴盛。

2006 年 10 月任中共石嘴山市委常委兼平罗县委书记谈干部队伍建设

◆ 以讨好社会为目的，必失大局利益。

2010 年 6 月任石嘴山市市长谈追求个人形象的人极易以公助私

◆ 为历史发展而做官是最不安逸的职业。

2005 年 6 月任中共石嘴山市委常委兼平罗县委书记谈职业

◆ 做事业益世，做政客益己。

2010 年 3 月任石嘴山市市长谈为做官而做官，是政客

◆ 官本位者和事本位者必然行异而果异。

2015 年 1 月任宁夏经济和信息化委员会主任谈以官为本还是以事为本决定着该地区物质与精神之兴衰

◆ 干事业必须为了大多数，依靠大多数。

2005 年 5 月任中共石嘴山市委常委兼平罗县委书记干部大会上的讲话

◆ 得人心，要得大多数人的心。

2006 年 12 月任中共石嘴山市委常委兼平罗县委书记对工作的思考

◆ 赢得少数人，必然失去多数人。

2005 年冬任中共石嘴山市委常委兼平罗县委书记对工作的思考

◆ 民主与集中各就其位，效率与艺术各有其场。

2000 年秋任山东省委研究室处长谈工作效率

◆ 规矩造就作风。

1996 年春任山东省决策咨询中心主任谈硬作风需要硬规矩去造就

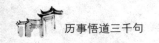

◆ 用兵之道，教诚为先。

1999 年秋在山东大学读博谈管理要先礼后兵

◆ 执纪之剑要高起轻落。

1999 年秋在山东大学读博谈既要警示干部，又要保护干部

◆ 围师必阙，既是战术又是战略。

1996 年 10 月山东省委政研室处长读《孙子兵法》有感

◆ 下级抗上，一旦理亏，会更加敬上。

2005 年 6 月任中共石嘴山市委常委兼平罗县委书记谈下级抗上利大于弊

◆ 工作不依赖权力，更伟大。

2005 年 5 月任中共石嘴山市委常委兼平罗县委书记谈遇到大事要与下级沟通

◆ 尊严不依靠权力更尊严。

2005 年 5 月任中共石嘴山市委常委兼平罗县委书记谈遇到大事要与下级沟通

◆ 公正是解决矛盾的利剑。

1995 年冬任山东省决策咨询中心主任谈出于公心就敢于公开

◆ 公道是调动积极性最简单、最持久的方法。

1999 年 8 月在山东大学读博谈公正是激励下属最廉价的成本

◆ 让人民议政是最亮的眼睛。

2008 年任石嘴山市市长谈创建人民议政网

◆ 职场关系越简单其组织越健康。

2018 年 11 月兼任宁夏能源协会会长谈职场关系简单是健康组织的特征

◆ 民众的向心力首先取决于政府的公平度。

2001 年冬在山东省委党校中青班学习谈事物都是互动的

◆宇宙是人类的天爷，人民是政府的地爷。

2019 年 6 月兼任宁夏能源协会会长谈他力教的价值

◆ 包容和远见，折射着领导者的潜力。

2006 年 3 月任中共石嘴山市委常委兼平罗县委书记在干部会上的讲话

◆ 最大的道德是公平。

2006 年 10 月任中共石嘴山市委常委兼平罗县委书记谈社会公平在于机会公平

◆ 只有大道德立，才有小道德生。

2000 年 1 月任山东省委政研室处长谈公平与道德

◆ 用好左右手，事兴政无忧。

2011 年 9 月任石嘴山市市长谈工作方法

三、倡明言才能防暗箭

◆ 光明正大是一切正义组织及其成员必须坚守的政治伦理。

2016 年 10 月任神宁集团党委书记兼副董事长讲党课

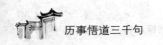

◆ 非官方问题导向是政治清醒不可或缺的保障。

2017年6月兼任宁夏能源协会会长谈杂音是另一种视角

◆ 广开言路，政治持续。

2006年10月任中共石嘴山市委常委兼平罗县委书记谈
民主

◆ 民间舆论是政府决策最接地气的坐标。

2017年6月兼任国能神宁集团副董事长谈周朝设采诗官
察民情

◆ 鼓励报忧可以及时补漏。

2003年2月任广饶县委副书记兼常务副县长谈广开言路

◆ 善听异己的话，素质才升华。

2005年6月任中共石嘴山市委常委兼平罗县委书记谈要
理解社会

◆听"异意"比"征求意见"更精准。

2020年10月兼任宁夏能源协会会长读《不拘一格》有感

◆ 有争辩才有高见。

2015年12月任神宁集团党委书记兼副董事长谈真正的民
主需要争辩

◆ 要少听下属抬轿、吹号、搔痒的话。

2000年冬任山东省决策咨询中心主任谈慎防被歌功颂德
所麻醉

◆ 只迎合人意、不坚持真理的官是阴险的。

1999 年秋在山东大学读博谈历史上的奸臣都是善于迎合人意的

◆ 当你处处感到满意的时候要警惕是否被操纵。

1999 年秋在山东大学读博谈奸臣都是善于迎合人意的

◆ 昏官与奸僚孪生。

2006 年 6 月任中共石嘴山市委常委兼平罗县委书记谈干部

◆ 明君在，忠臣涌。

2000 年冬任山东省委政研室处长读史有感

◆ 鼓舌如玩枪，伤了别人心，自己留重伤。

1999 年秋在山东大学读博谈语言的双刃性

◆ 有理何必高腔。

2006 年冬任中共石嘴山市委常委兼平罗县委书记反思

◆ 语言大师的功底在于择言。

1999 年秋在山东大学读博谈择言是能力

◆ 魏徵善谏，一凭公心，二凭语言。

2007 年 8 月任吴忠市委常委兼常务副市长读史有感

◆ 凭自身正而忽视工作艺术，仍然是欠修养。

2006 年 3 月任中共石嘴山市委常委兼平罗县委书记的反思

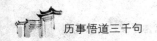

四、高官谦和更伟大

◆君强且谦则国安。

2020年6月兼任兼任宁夏能源协会会长再读《贞观政要》所感

◆ 职务是社会角色的面具，面具不等于自身。

2018年6月任夏能源协会会长谈若把面具与自身等同，必将带来行为和心灵的悲哀

◆ 平和者人近之，威严者人远之。

2003年2月任广饶县委副书记兼常务副县长谈干部形象

◆ 山大而坡缓，老少都喜欢。

2006年2月任中共石嘴山市委常委兼平罗县委书记谈亲和作风

◆ 谦者多助，傲者力孤。

2019年1月兼任宁夏能源协会会长读《传习录》所感

◆狂与亡成正比。

2020年2月兼任宁夏能源协会会长谈狂而障智

◆ 柔和产生亲和力。

1999年秋在山东大学读博谈平易近人是大德

◆ 人的优势是单项的，傲慢是没有道理的。

1999年秋在山东大学读博谈谦虚是符合客观规律的

◆ 感恩下级，境界升级。

2006年春任中共石嘴山市委常委兼平罗县委书记谈尊敬下级

◆ 上待下以礼，下待上以义。

2003年2月任广饶县委副书记兼常务副县长谈领导修养

◆ 历史是创造的，首先是继承的，须敬畏先人和前任。

2005年3月任中共石嘴山市委常委兼平罗县委书记谈善待老干部和前任

◆ 老臣是无形资产。

1989年秋在莱西县为全县校长班培训

◆ 不能把得志变成失去修养的拐点。

2004年6月任石嘴山市副市长谈修养

◆ 保持布衣平民意识，工作生活吉利。

2004年春任石嘴山市副市长自警

◆ 在现代社会，平民意识与威信成正比。

2005年5月任中共石嘴山市委常委兼平罗县委书记在干部大会上的讲话

◆ 天地各有功，贵卑皆有值。

2007年8月任吴忠市常务副市长谈要尊重所有的人

◆ 知识分子平民化的过程就是知识分子领袖化的过程。

1992年秋任山东省委办公厅人事处秘书谈知识分子的路

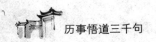

◆ 高身份，小行为，强功能。

2005 年 4 月任中共石嘴山市委常委兼平罗县委书记谈领
导干部形象

◆ 导师式的领导得人心。

2005 年 6 月任中共石嘴山市委常委兼平罗县委书记谈对
下级要有导师的心态

◆ 辱人，易致丧身之祸。

2006 年 12 月任中共石嘴山市委常委兼平罗县委书记读
《朱元璋》有感，尊重人可以避免危机

◆ 能力加亲和力，更具感召力。

2009 年 4 月任石嘴山市市长有感于自治区主要领导的亲
和力

五、以诚应万变，人生更稳健

◆ 开明需要德性。

2003 年 2 月任广饶县委副书记兼常务副县长谈选用干部

◆ 要做开明加聪明的人。

2003 年 2 月任广饶县委副书记兼常务副县长谈选用干部

◆反责于己会产生奋斗之心力。

2020 年春兼任宁夏能源协会会长谈苏秦反责于己而成
大器

◆ 善未必得福，但能避祸。

2014 年 3 月任宁夏经济和信息化委员会主任谈很多事不是直接的因果关系

◆ 老实人不惹致命的祸。

2007 年秋任石嘴山市市长对一些干部的观察

◆把感恩作为人生之灯就不会误入歧途。

2020 年 4 月兼任宁夏能源协会会长谈感恩

◆ 政治过于敏感，有时适得其反。

2017 年 6 月任宁夏人大常委会常委谈凭敏感行事者往往是投机者

◆ 诚实无破绽。

2007 年秋任石嘴山市市长对一些干部的观察

◆ 阴险的政治化妆师往往是政治麻醉师。

2020 年 10 月兼任宁夏能源协会会长谈要警惕那些缺德的文人墨客

◆ 玩小聪明最终玩坏了自己。

2000 年于山东大学读博谈视自己聪明众人傻的人都属于小聪明

◆ 玩小聪明吃死亏。

2008 年 10 月在中央党校中青班有感于《三国演义》庞统、杨修因玩小聪明而丧命

◆ 李斯心不正而不善终。

2007 年 8 月任吴忠市常务副市长读秦史有感

◆ 老老实实做人，是人生可持续的基础。

2006 年 7 月任中共石嘴山市委常委兼平罗县委书记谈很多人吃亏在于不老实

◆ 做老实人，省心、省功、省力。

1996 年 10 月在山东大学读博谈做人处世

◆ 道德感强的人未必都亨通，但人生安宁。

2007 年秋任石嘴山市市长对一些干部的观察

◆ 敌意的批评必然从人格、动机入手，善意的批评往往从方法、结果着眼。

1997 年春任山东省委政研室主任谈从批评方式看人心

◆ 失败者是为成功而探险的先驱，要善待之。

2017 年 10 月任宁夏人大常委会常委谈不宜惩罚失败者

企业在潜移默化地改造着社会

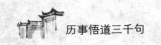

一、经济是否繁荣，社会是否繁华，取决于企业的数量和质量

◆ 市场经济的根基是企业经济。

2018 年 12 月兼任宁夏能源协会会长谈政府与企业共同支撑着社会与经济

◆ 政治王国以权力为中心，经济王国以资本为中心。

2017 年 7 月任宁夏人大常委会常委谈市场经济

◆ 研发队伍与产业军是实体经济的根。

2013 年 4 月任宁夏经济和信息化委员会主任谈实体经济

◆ 发展工商业是人类富强、文明不可逾越的历史阶段。

2000 年 1 月在山东大学读博对齐国兴盛原因的分析

◆ 社会要现代化，经济必须企业化。

2012 年 1 月任石嘴山市市长谈企业的伟力

◆ 企业是世界一体化的先锋与纽带。

2012 年 1 月任石嘴山市市长谈企业的伟力

◆ 现代企业制度适用于广泛的组织。

2011 年 10 月任石嘴山市市长对现代企业制度的思考

◆ 企业是另类的军事组织。

1996 年冬任山东省委政研室处长为河北省中捷集团培训

◆ 企业兴则国民富，企业兴则社会稳。

2012 年 2 月任石嘴山市市长谈企业的伟力

◆ 大企业助国强，小企业助民富。

2013 年 12 月任宁夏经济和信息化委员会主任与民营企业座谈

◆ 庞大的中小企业群体是防止大企业左右政治的经济基础。

2011 年 10 月任石嘴山市市长谈中小企业的意义

◆ 孵化小微企业是政府必须承担的"播种工程"。

2003 年春任广饶县委副书记兼常务副县长给企业家的信

◆ 发展企业间的产业链是最佳的专业化产业群。

2001 年秋在山东省委党校一年制中青班学习谈要发展区域内或园区内产业链

◆ 能源与源头产业是社会和经济发展的先导力量。

2018 年 6 月兼任宁夏能源协会会长谈资源类产业或源头产业是稳健的战略产业

◆ 肥水不外流的企业不可能创造更多的肥水。

2001 年秋在山东省委党校一年制中青班学习为东营市企业干部培训

◆ 企业间就地形成产业链，产业成本低廉。

1997 年 8 月在山东大学读博为临沂真情集团培训

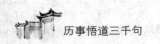

◆ 专业化、产业链、规模化，是人才的磁场。

2000 年春在山东大学读博为企业培训

◆ 标准化是产品规模化的前提。

2003 年 4 月任广饶县委副书记兼常务副县长谈企业标准化

◆ 产业纵向延伸优于产业多元并行。

2017 年 6 月任宁夏人大财经委副主任谈用产业链延伸拉动产业升级，既是价值递延型经济，又是上游不亮下游亮的稳健型经济

◆ 用升级带转型是最稳健的经营。

2010 年 6 月任石嘴山市市长谈企业持续升级，产业就会转型

◆理念升级、设备升级、产品升级、管理升级是企业升级的引擎。

2010 年 6 月任石嘴山市市长谈企业要多谈升级少言转型

二、企业家是关键性生产力

◆ 经济是否繁荣取决于企业家群体的数量与质量。

2002 年 6 月任山东省委政研室处长于山东省委组织部《组工通讯》上发表的文章

◆ 企业家精力、财力的投向决定着哪个领域兴旺。

2010 年 3 月任石嘴山市市长谈企业家的威力

◆ 企业家、产业军、公务员是发展经济的人才生态链。

2007 年秋任石嘴山市市长时谈发展需要职业合力

◆ 国企是国家经济干部的摇篮。

2007 年 12 月任石嘴山市市长谈组建市五大国有企业承担公共事业经营

◆ 企业家、军事家、政治家都是善于整合资源的人。

2006 年秋任平罗县委书记谈企业家

◆ 军事精要，攻防两道。

2001 年冬在山东省委党校中青班学习读《孙子兵法》

◆ 哲学思维、数量思维、创新思维是企业家的基本思维。

2016 年 10 月任神宁集团党委书记兼副董事长谈企业家的思维特征

◆ 多大的心胸做多大的企业。

2002 年 6 月任山东省决策咨询中心主任为企业培训

◆ 追求功业传世是一流企业家的特征。

2015 年 11 月任神宁集团党委书记谈企业家精神

◆依靠情商经营必大成。

2019 年 5 月兼任宁夏能源协会会长谈情商是经营的乘号，智商是经营的加号

◆ 产、供、销，永远是矛盾的。

1987 年 2 月任莱西县孙受乡党委委员为企业培训

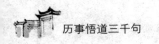

◆ 做总成，利润率最高。

2002年任山东省委政研室处长为企业讲课

◆ 技术和商业模式都是创造价值的杠杆。

2015年1月任宁夏经济和信息化委员会主任谈无技术优势者必须善于做生产关系、体制机制、商业模式的文章

◆ 奇迹需要生产力与生产关系双发力。

2010年6月任石嘴山市市长谈万事要兼用阴阳二力

◆ 商业模式即整合生产要素的方式。

2018年9月兼任宁夏能源协会会长谈拼多多创业

◆ 巩固与扩张交替才有持久的生命力。

2004年春任广饶县委副书记兼常务副县长为东营市国税局干部培训

◆ 存是展的前提，展是存的后续。

2004年春任广饶县委副书记兼常务副县长为东营市国税局干部培训

◆ 危机式管理可以防止企业出现灭顶之灾。

2017年2月兼任神宁集团副董事长谈企业要建立"危机"诊断机构

◆ 人才、产品、品牌，是百年企业的命脉。

2000年2月在山东大学读博为企业培训

◆文化、技术双核竞争力有利于阴阳合力、远近互济。

2020年兼任宁夏能源协会会长谈双核竞争力更务实

◆ 靠战略快速膨胀，靠战术稳健增长。

2001年秋任山东省委政研室处长在山东省委党校一年制中青班学习为东营市企业干部培训

◆ 用战略开源，用战术节流。

1999年秋在山东大学谈企业管理需阴阳两手

◆ 资源与资本的转换只是观念之差。

1997年8月在山东大学读博为临沂真情集团培训

◆ 经营可再生的大自然是最可持续的产业。

2016年10月任神宁集团党委书记兼副董事长谈产业选择

◆ 发展趋势和社会资源是投资者决策的着眼点。

2014年6月任宁夏经济和信息化委员会主任谈投资

◆ 限制的都是想干的，隐蔽的都是想看的。

2006年秋任中共石嘴山市委常委兼平罗县委书记谈投资方向

◆ 货币是无孔不入的商品。

2014年6月任宁夏经济和信息化委员会主任谈银行业是共需业且经营成本最低

◆ 保险业是无人不需的"博彩业"。

2014年6月任宁夏经济和信息化委员会主任谈人寿保险

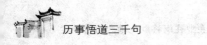

无人不需

◆ 用现代手段做传统产业是最稳健的事业。
2018 年 11 月兼任宁夏能源协会会长谈创业

◆ 适度的负债是重要的借力。
1999 年秋在山东大学读博谈负债是利用资源

◆ 有战略投入才有战略产出。
1997 年春在山东大学读博为鲁花集团培训

◆ 集中优势资金才能从技术上打质量战。
2003 年 2 月任广饶县委副书记兼常务副县长谈企业技术改造

◆ 最高效的投入是设备，最根本的投入是人才。
1988 年 10 月在山东省委党校二年制研究生班学习谈硬技术的作用

◆ 生产力远比财富更重要。
2001 年秋在山东省委党校一年制中青班学习谈生产力是财富之源

◆ 无形资产大于有形资产，轻资产大于重资产是现代企业的资产观。
1996 年秋于山东大学读博时读《资本论》有感

◆ 多用机器少用人，高效而省心。
1988 年春山东省委党校二年制研究生班学习谈减人增机是现代管理的大趋势

◆ 智能化的核心是自我辨识、自我实施。

2016 年 6 月任神宁集团党委书记兼副董事长谈智能化的
本质是快速自动化

◆ 联盟，才能把事业做大。

2001 年秋在山东省委党校一年制中青班学习为东营市企
业干部培训

◆ 产业链联盟是最优的同盟结构。

1997 年 8 月在山东大学读博为临沂真情集团培训

◆ 同质的股本，股东的区域跨度越大，股本结构越优。

2002 年 6 月任山东省决策咨询中心主任时为企业培训

◆ 垂直整合的价值在于整合附加值。

2018 年 10 月兼任宁夏能源协会会长谈兼并战略

◆ 上下游参股或要素关联参股可以形成上游不亮下游亮，
东方不亮西方亮的资本格局。

2015 年 11 月任神宁集团党委书记谈发展关联产业

◆ 加大对未来的投入，降低毛利率，有助于形成降本提
效的倒逼机制。

2016 年 12 月任神宁集团党委书记兼副董事长谈加大技术、
人才、装备、质量的投入是对未来的投入

◆ 技术、人才、装备、品牌环节的成本是可积淀成本。

2017 年 5 月兼任神宁集团副董事长提出可积淀成本的概念

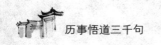

◆ 优质的可积淀成本是决定企业未来的资本。

2018 年 6 月兼任宁夏能源协会会长谈企业的未来取决于优质的可积淀成本

◆ 以租代购可以让不动产变为现金流。

2016 年秋任神宁集团党委书记兼副董事长谈重资产企业要尽量减少沉没成本

◆ 设计产品是加号，设计组织是乘号。

2016 年秋任神宁集团党委书记兼副董事长谈向体制机制要效益

◆商人收益是风险收益。

2020 年 5 月兼任宁夏能源协会会长谈商人是承担风险的服务者

三、管理的本质是算账

◆ 领导营造人和，管理强化定额。
1994 年春任山东省委办公厅副处长谈企业管理

◆ 考事定量，考人定性。
2020 年 9 月兼任宁夏能源协会会长谈考核既要讲数理又要讲心理

◆ 概念量化，管理神化。
2015 年 6 月任宁夏经济和信息化委员会主任谈量化管理是成本最低，最简便的管理方法

◆ 数理逻辑胜于感知。

2015年6月任宁夏经济和信息化委员会主任谈肉眼难辨之事须借助于数理与逻辑

◆ 核算、使用、审计三分离是财务体制的基石。

1998年秋在山东大学读博为临沂真情集团培训

◆ 审计是经济问题的啄木鸟。

2008年6月任石嘴山市市长谈成立啄木鸟审计公司

◆ 审计是用数字说话的鉴定与监督。

2008年6月任石嘴山市市长谈成立啄木鸟审计公司

◆ 询价、采购、质检三分离是物资采购的好机制。

1998年秋在山东大学读博为临沂真情集团培训

◆招标可在线上匿名抽签、公开评分。

2016年10月任神宁集团党委书记兼副董事长谈招标如何避免徇私舞弊

◆ 权力制约权力，是最可靠的管理保全。

1999年秋在山东大学读博谈制约也是管理

◆ 成本是自主的利基。

1998年秋在山东大学读博为临沂真情集团培训

◆ 效率降本空间无限，节物降本终有红线。

2016年11月任神宁集团党委书记兼副董事长谈物料降本是精明，效率降本才高明

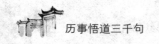

◆ 冗员就是负债。

2016年11月任神宁集团党委书记兼副董事长谈成本管理

◆ 减人不减料是保质降本的科学之道。

1998年秋在山东大学读博为临沂真情集团培训

◆ 质量红线和成本红线并行才能保护企业的生命。

2016年11月任神宁集团党委书记兼副董事长谈成本与质量双优是绩效管理的双抓手

◆ 相对于物质成本，制度成本更具惯性。

2016年11月任神宁集团党委书记兼副董事长谈管理

◆ 最大的成本是低效。

2020年6月兼任宁夏能源协会会长谈效率是降本的核心

◆ 繁琐的管理是昂贵的成本。

2020年6月兼任宁夏能源协会会长谈效率是降本的核心

◆ 着眼销售开源，着眼成本节流。

2016年11月任神宁集团党委书记兼副董事长谈管理

◆ 管理会计管过程，财务会计管结果。

2016年11月任神宁集团党委书记兼副董事长谈用利润率倒逼成本和价格

◆ 价值流管理是最直观的管理。

2018年9月兼任宁夏能源协会会长谈要以价值流观察部门与流程的价值

◆ 费用刚性、收入弹性是企业的"硬病"。

2016 年 11 月任神宁集团党委书记兼副董事长谈管理

◆预期激励是第一激励。

2017 年 7 月任神宁集团党委书记兼副董事长谈最好的激励是发袋子而不是发米

◆ 黄金期转型升级，精气神恰逢其时。

2016 年 11 月任神宁集团党委书记兼副董事长谈管理

◆ 市场黄金期往往是管理的粗犷期。

2016 年 11 月任神宁集团党委书记兼副董事长谈管理

◆ 技术、质量、成本是企业的自主命根。

2016 年 11 月任神宁集团党委书记兼副董事长谈管理

◆ 技术升级可以延缓周期性危机。

2016 年 11 月任神宁集团党委书记兼副董事长谈科技神宁

◆ 用系统最优实现系统最省，关键环节最优，非关键环节最省。

2018 年兼任宁夏能源协会会长谈要研究成本链，解决质量与成本的矛盾

◆ 到户到人的激励是最直接、最高效的激励。

2006 年 6 月任中共石嘴山市委常委兼平罗县委书记谈激励要及第及人

◆人均创效是企业效益的硬指标。

2015 年 12 月任神宁集团党委书记兼副董事长谈考核人均创效倒逼减人降本提效

◆ 变废为宝，利润最高。

2013 年 12 月任宁夏经济和信息化委员会主任谈创业

◆ 独、优、廉、变，是产品的生命周期。

2001 年秋在山东省委党校一年制中青班学习为东营市企业干部培训

◆ 企业要构建"产品家族"，"儿品"兴业，"孙品"续业。

2017 年 1 月任宁夏人大常委会常委兼神宁集团副董事长谈企业的生命像家族子孙传代

◆ 求廉求便是消费者永恒的理念。

1988 年春在山东省委党校二年制研究生班学习对企业产品创新的思考

◆ 在销售地建生产基地是降低配送、时间、信息、政策、关税成本的好棋。

2013 年 6 月任宁夏经济和信息化委员会主任于芬兰所思

◆ 主动成本可控，被动成本是无底洞。

2018 年 6 月兼任宁夏能源协会会长为企业授课

◆ 购买力是消费的后盾。

2015 年 6 月任神宁集团党委书记兼副董事长谈购买力是

最根本的市场撑力

◆ 同质下成本竞争是常态。

2015年6月任神宁集团党委书记兼副董事长谈成本在企业中的价值

◆ 廉价才能普惠。

2015年10月任神宁集团党委书记兼副董事长谈管理

◆ 成本加微利，市场有潜力。

2013年春任宁夏经济和信息化委员会主任谈薄利得众，得众者得市场

◆ 质高价低，所向披靡。

2013年春任宁夏经济和信息化委员会主任谈薄利得众，得众者得市场

◆ 成本支撑当前，技术决定未来。

2013年春任宁夏经济和信息化委员会主任谈技术与成本要形成接力

◆ 投入产出比是基本的经济观。

2001年春在山东省委党校一年制中青班学习谈经营管理

◆ 产品定价既要以成本为基础，又要以价值为导向。

2013年春任宁夏经济和信息化委员会主任谈大众产品看成本，科技产品看价值

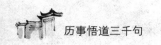

◆ 产品制造自主可靠，价值实现是惊险的跳跃。

2013 年春任宁夏经济和信息化委员会主任谈产品不等于商品

◆ 价值创造侧的功能、质量、成本决定价值实现侧的价值实现。

2013 年春任宁夏经济和信息化委员会主任谈价值制造与价值实现共命运

◆ 产业链及产品附加值与运输成本成反比，与企业价值成正比。

2013 年春任宁夏经济和信息化委员会主任谈价值与成本成反比

◆ 优秀的组织以质量立业，优秀的民族以质量立国。

2016 年 10 月任神宁集团党委书记兼副董事长谈精益求精是高质的路径

◆ 纠错固然重要，但往往纠不掉已经造成的硬损失。

2016 年 10 月任神宁集团党委书记兼副董事长谈精益求精可以避免造成系统性硬损失

◆ 相互确认的保全制度可以防范事故。

2016 年 10 月任神宁集团党委书记兼副董事长谈精益求精

◆ 质量与成本的矛盾是企业管理的基本矛盾。

2018 年 11 月兼任宁夏能源协会会长谈管理必须呵护好质量和成本两个生死穴

◆ 用产品升级带动企业升级是最稳健的转型升级。

2019 年 4 月兼任宁夏能源协会会长谈走产品升级带产业升级之路

◆ 初创企业要高质做产品，低价做市场。

2018 年 10 月兼任宁夏能源协会会长谈初创企业

四、经营企业，首先要经营人

◆ 觉悟之人无事不利，觉悟的团队无往不胜。

2018 年 6 月于兼任宁夏能源协会会长谈优秀的团队都是觉悟的团队

◆ 以人为核心的企业才是可持续的企业。

2000 年春在山东大学读博对海尔集团的思考

◆ 客户是企业利益，员工利益的元源。

2018 年 6 月兼任宁夏能源协会会长谈员工是创造价值，客户是实现价值

◆ 企业的人、品、利是递进的派生关系。

2018 年 6 月兼任宁夏能源协会会长谈员工是天使，顾客是贵宾

◆ 团队福利维系人心。

1988 年秋在山东省委党校二年制研究生班学习谈要重视员工福利

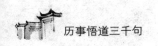

◆ 人性化化人心，军事化化作风。

1999 年秋在山东大学读博谈激励

◆ 工资与福利并举有利于培育员工对组织的归属感。

1988 年秋在山东省委党校二年制研究生班学习谈高工资无福利不利于培育员工对组织的归属意识

◆ 培训是永久的福利。

2000 年秋任山东省委政研室处长为企业培训谈技能比金钱更重要

◆ 工资结构细化，心理动力强大。

1988 年秋在山东省委党校二年制研究生班学习谈工资结构要文化化、情感化、导向化

◆ 骨干参股是留人、留心的金"锁链"。

2002 年 6 月任山东省委政研室处长为企业培训

◆ 大团队靠制度管理，小团队靠行为感化。

2002 年 6 月任山东省委政研室处长为企业培训

◆ 职务带平台，业绩带薪酬，是最好的职务激励。

2016 年 5 月任神宁集团党委书记兼副董事长谈干部的激励

◆ 用绩效工资刺激竞争，用普惠福利平衡心理。

2016 年 5 月任神宁集团党委书记兼副董事长谈既要提效又要润心

◆ 岗位薪酬要看价值度、辛苦度、责任度。

1995 年 8 月任山东省委办公厅副处长主持事业单位工资改革时的思考

◆ 可持续的组织既要留住人才，更要留住知识。

2017 年 8 月兼任神宁集团副董事长谈要把人才的知识工艺化、文本化

五、坚持严、细、恒，事业必有成

◆ 没有前期的繁琐，就没有后期的简单。

1990 年冬任莱西县城关镇镇长谈工作准备与结果的关系

◆ 管理重过程，领导重目标。

2018 年 10 月兼任神宁集团副董事长谈管理与领导不可错位

◆ 严于始，利于终，严久习成。

2017 年 6 月兼任神宁集团副董事长谈严是善终的开端

◆ 苛刻出精品。

2016 年 11 月任神宁集团党委书记兼副董事长谈精益管理

◆ 管理一旦省工，必不省力。

2009 年 3 月任石嘴山市市长谈对关键环节要措施细、手段铁，才能防范致命的失误

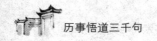

◆ 重过程的管理是稳健的管理。

2017 年 6 月兼任神宁集团副董事长谈只看结果不问过程的管理充满风险

◆ 细分过程、细分成本、细分市场，永远在路上。

1997 年春在山东大学读博谈管理要从细分入手

◆ 细分与精确成正比。

1997 年春在山东大学读博谈管理要从细分入手

◆ 经营者定目标考结果，管理者抓过程重环节。

2001 年春在山东省委党校一年制中青班学习谈经营与管理的重心不同

◆ 找到痛点才能化解瘀点。

2015 年 11 月任神宁集团党委书记兼副董事长倡导管理要多找痛点

◆ 制度要切实、切身、切痛。

1996 年秋任山东省决策咨询中心主任为全省企业经理班培训

◆ 干得值、割之痛、失之惜是最好的激励。

1999 年秋在山东大学读博谈待遇留人

◆ 硬功夫必须靠硬制度。

2006 年秋任中共石嘴山市委常委兼平罗县委书记考察企业有感

◆ 步入疆场，无谈自由。

1997年春在山东大学读博谈职场、岗位都是战斗之场

◆ 商业合约既是双向制约，又是市场确认。

2018年10月兼任神宁集团副董事长谈霍英东创立卖"楼花"制度

六、优秀的企业都是优秀的文化组织

◆ 企业文化是对军队文化的移植和提升。

2000年秋任山东省决策咨询中心主任为企业培训

◆ 企业文化是企业的精神画像。

1995年春任山东省委办公厅副处长谈企业文化的目的是促进上下同欲

◆ 没有认同感的管理，必然是高成本的管理。

1996年秋任山东省决策咨询中心主任为河北中捷集团培训

◆ 组织的核心理念要对内唤起员工、对外感动社会。

2000年秋任山东省决策咨询中心主任为企业培训谈团队越大越需要文化管理

◆ 服务文化、责任文化、协同文化，是企业的三大文化活塞。

2015年6月任宁夏经济与信息化委员会主任谈企业文化要聚焦

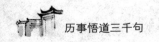

◆ 行动，既能抓住机会，又能迎来机遇。

2018 年 7 月兼任宁夏能源协会会长谈行动才能接近目标

◆ 优秀的习惯就是优秀的文化。

1995 年春任山东省委办公厅副处长谈持之以恒才能形成文化力

◆ 小善大扬，小恶大彰，风气健康。

2015 年 11 月任神宁集团党委书记副董事长谈企业文化

◆ 典型，是最直观的企业文化。

1996 年秋任山东省决策咨询中心主任为河北中捷集团培训

◆ 组织既是事业之家的舞场，又是生活之家的后盾。

2016 年 2 月任神宁集团党委书记兼副董事长谈事业之家、生活之家都离不开事业平台

◆ 快乐、团结、进取是服务业、智力业、小团队的文化基调。

2016 年 2 月任神宁集团党委书记兼副董事长谈氛围管理法

◆ 文化化心心正行自规，制度规行行久习自成。

2017 年 6 月兼任神宁集团副董事长谈文化与制度是阴阳互济

◆ 文化管理的本质是王道。

1999 年秋在山东大学读博谈统治是霸道统御王道

◆ 文化养心，物质养身。

2019年7月兼任宁夏能源协会会长以《长期价值主义是人生的元战略》为题为企业授课

◆ 用纪律定势形成的文化是刚文化，用温暖滋养形成的文化是柔文化。

2020年6月兼任宁夏能源协会会长谈文化也有阴阳之特质

七、以客户为中心，必须以产品为根本

◆ 产品高贵是职业高贵的前提。

2018年12月兼任宁夏能源协会会长谈职业选择

◆ 开发新产品既要靠市场拉，又要靠技术推。

2001年秋在山东省委党校一年制中青班学习谈市场拉动以销定产，技术推动以产促销

◆ 用技术创造需求和引领需求的企业才能跨入第一方阵。

2001年秋在山东省委党校一年制中青班学习为东营市企业干部培训

◆ 商用技术的经济价值决定谈技术的生命力。

2020年6月兼任宁夏能源协会会长谈与人对弈的机器人耗电是人脑的千倍

◆ 人心管理、技术研发、关键制造，是企业的核心竞争力。

2001年秋在山东省委党校一年制中青班学习为东营市企业干部培训

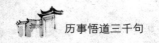

◆ 靠技术、质量取胜是最稳健的经营。

2001 年秋在山东省委党校一年制中青班学习为东营市企业干部培训

◆ 质量是使用价值与审美价值的统一。

2001 年秋在山东省委党校一年制中青班学习为东营市企业干部培训

◆ 以质量和成本为中心的管理才是长久的管理。

2018 年 9 月谈管理要以质量和成本为中心，二者是一对矛盾

◆ 标准既是履职规范，更是质量的生命线。

2001 年秋在山东省委党校一年制中青班学习为东营市企业干部培训

◆ 企业要开发员工、开发产品、开发装备、开发市场。

2001 年秋在山东省委党校一年制中青班学习为东营市企业干部培训

◆ 凡是畅销的产品都是功能、价格、质量、文化的集合体。

1998 年秋在山东大学读博为临沂真情集团培训

◆ 以价值定价，效益最大。

2019 年 4 月兼任宁夏能源协会会长谈成本加利润的定价隐藏着市场风险

◆ 同类同质同价的产品须以文化内涵取胜。

2020 年秋任宁夏能源协会会长谈文化创意可以给产品提升附加值

◆ 政府反垄断，但企业必须用技术创造垄断。

2001 年秋在山东省委党校一年制中青班学习谈垄断与破垄断要互动

◆ 主动对标才能捷径赶超。

2012 年 10 月任宁夏经济与信息化委员会主任谈对标的实质是比学赶超

◆ 对标是创新的坐标。

2012 年 10 月任宁夏经济与信息化委员会主任谈技术须行业对标，管理可跨行对标

◆ 生产成本与使用成本是产品开发的双红线。

2012 年 10 月任宁夏经济与信息化委员会主任谈企业要树立客户成本观

◆ 同质下对比使用成本是客户选择的理性所在。

2010 年 10 月任石嘴山市市长谈企业要重视产品的使用成本

◆ 市场像战场，宜占不宜攻。

1997 年春在山东大学读博为烟台企业经理培训

◆ 独特是最佳的竞争。

1997 年春在山东大学读博为鲁花集团培训

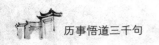

八、品牌一要造，二要唱

◆ 品牌因为吸人而吸金。

1996 年秋任山东省决策咨询中心主任谈品牌的吸力主要来自安全感和社会价值

◆ 品牌从一做起，质量从设计开始。

1997 年春在山东大学读博为鲁花集团培训

◆ 商标创意要寓功能、寓祝福，形意兼具。

2019 年 6 月兼任宁夏能源协会会长谈商标创意

◆ 开发系列品牌要以老牌立旗，以编号升级。

2018 年 10 月兼任宁夏能源协会会长时谈品牌与时俱进的路径

◆ 质量，是品牌的盾。

1988 年春在山东省委党校二年制研究生班学习谈企业管理

◆ 产品是闺女，营销是媒婆。

2001 年秋在山东省委党校一年制中青班学习为东营市企业干部培训

◆ 用轻资产创品牌可以减少资本及精神负债。

2013 年 6 月任宁夏经济与信息化委员会主任对小米公司商业模式的感悟

◆ 理性的顾客更关心产品的质量参数。

1988 年春任莱西县委组织部干部科科长时在山东省委党

校二年制研究生班学习对企业营销的思考

◆ 谈判，一要算数字，二要算心理。
1998 年秋在山东大学读博为临沂真情集团培训

◆ 行家里手才会成为谈判的高手。
2008 年 3 月任石嘴山市市长谈工程师是最好的营销员

◆ 争辩是谈判之大忌。
1999 年秋在山东大学读博谈交流与谈判

◆ 把广告做到顾客的嘴上是最实的广告。
1999 年秋在山东大学读博谈顾客的嘴是最好的广告台

◆ 口碑传播，可信度最高，成本最低。
1999 年秋在山东大学读博谈企业营销

◆ 让顾客一见钟情是成功的先兆。
1999 年秋在山东大学读博谈企业营销

◆ 好感是一个复合指数，坏感往往是一锤子的结果。
1988 年春在山东省委党校二年制研究生班学习对企业营销的思考

◆ 卖理由、卖观念、卖参数是广告的硬招数。
1999 年秋在山东大学读博谈广告

◆ 营销是吸，推销是求。
1991 年秋于山东大学读博谈广告传播的意义

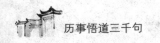

◆ 广告语，一要简约，二要形象。

1988 年春在山东省委党校二年制研究生班学习对企业营销的思考

◆ 面向大众消费的广告要善用比喻。

1988 年春在山东省委党校二年制研究生班学习对企业营销的思考

◆ 重工业广告要把破坏性试验广而告之。

2000 年冬在山东大学读博对山东工程机械公司广告的建议

◆ 安全、廉价、身份，是广告的卖点。

2000 年冬在山东大学读博对山东工程机械公司广告的建议

◆ 企业和企业家形象比产品形象更能打动人。

1999 年秋在山东大学读博谈企业营销

◆ 营销打文化牌最时髦，打公益牌最光彩。

1999 年秋在山东大学读博谈传播的意义

◆ 营销网络是企业的第二生命线。

1999 年秋在山东大学读博谈传播的意义

◆ 用股权锁定经销商是锁定市场的良方。

2018 年 11 月兼任宁夏能源协会会长谈分销渠道是企业的第二生命线

◆ 成功的营销，要有利于品牌塑造和升华，有利于网络拓展与巩固，有利于人才培养和积聚。

1999 年秋在山东大学读博谈营销体系建设

◆ 深度开发根据地，经济、政治、社会成本最低。

1997 年 8 月在山东大学读博读红军的胜利得益于根据地开发与建设

◆ 同业异地兼并是占领异地市场的捷径。

2016 年 10 月任国能神宁集团党委书记兼副董事长谈兼并战略

◆ 满足其急需的服务是百发百中的公关。

1999 年秋在山东大学读博谈企业营销

◆ 对方的偏好是公关的秘道。

1999 年秋在山东大学读博谈企业营销

◆ 超值服务才能感动人心。

1997 年春在山东大学读博谈海尔集团的服务客户战略

◆ 卖一赠它的营销是用价格支撑产品与顾客品位的高招。

2020 年秋兼任宁夏能源协会会长谈降价营销是败产品伤尊严的营销

◆ 参加专业会展有利于寻找行业至高点。

2002 年 6 月任山东省委政研室处长赴宁波考察时对会展经济的思考

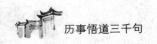

◆ 塑造企业品牌需要人好、物好双发力。

2017 年 10 月兼任神宁集团副董事长为企业授课

九、经营信誉是企业可持续的纲

◆ 用姓名做字号有益于自我向善和品牌积淀。

1997 年春在山东大学读博为鲁花集团培训

◆ 卖服务比卖产品更有远见。

1999 年秋在山东大学读博谈企业营销

◆ 公开承诺是自驱的动力。

2019 年 9 月兼任宁夏能源协会会谈经营管理要推行承诺制

◆ 企业既要经营员工，又要经营消费群体。

1996 年秋任山东省决策咨询中心主任为烟台企业经理培训班授课

◆ 售后服务的价值在于获得客户智慧。

2014 年 1 月任宁夏经济与信息化委员会主任谈企业服务是为智慧投资

◆ 利润最大化，企业做不大。

2003 年冬任广饶县委副书记兼常委副县长谈利益不全等于利润

◆ 不以利润为唯一的企业一定是可持续的企业。

2016 年冬任神宁集团党委书记兼副董事长谈老字号企业

都不是以利润为唯一目标

◆ 毛利太高，管理易漂。

2012 年 10 月任宁夏经济和信息化委员会主任谈通过研发投入压缩产品毛利，既能培育企业潜力，又能增加员工压力

◆ 规模是直观的实力。

2003 年 8 月任广饶县委副书记兼常务副县长谈市场份额是最有说服力的品牌

◆ 市场份额与无形资产成正比。

1997 年春在山东大学读博谈做大基数比利润率更重要

◆ 企业的实力一半是硬财富，一半是软实力。

2012 年 2 月任石嘴山市市长谈企业既要积淀利润，又要积淀声誉

◆ 既善于生财又乐于付出的企业家才能可持续。

2010 年 6 月任石嘴山市市长谈企业家要自我营造可持续的发展环境

◆ 财散人心聚，财聚人心散，是向心力之定律。

1998 年秋在山东大学读博对民营企业工资制的思考

◆ 有美名才有可持续的财富。

2003 年 3 月任广饶县委副书记兼常务副县长谈海尔集团砸掉次品冰箱、清朝药商烧掉劣质中草药原料

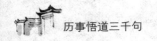

◆ 美名是东山再起的卷扬机。

2013 年 5 月任宁夏经济与信息化委员会主任在北汽集团为中层干部授课

◆ 无形资产的仓库是消费者的心。

1996 年秋任山东省决策咨询中心主任为河北中捷集团培训

◆ 无形资产是用有形资产置换的产物。

2006 年 8 月任石嘴山市市长谈企业信誉需要付出

◆ 完美的企业品牌必须是人品与产品的统一。

2006 年 8 月任石嘴山市市长谈好的企业必须人好、物好双发力

◆ 人与人、人与物接触时的感受即体验。

2020 年 6 月兼任宁夏能源协会会长谈对人和物的体验是营销的关键

◆ 古人大事皆卜,何也?取信也,信则力勇。

2020 年 10 月兼任宁夏能源协会会长读《孔明兵法》中"计疑无定,事疑无成"所感

政府是人民的"股份公司"

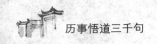

一、服务是执政的资本

◆ 服务文化是政治、经济、社会的普适文化。

2017 年 6 月兼任神宁集团副董事长为中国银行培训谈伟大的组织都是以服务为宗旨

◆ 服务是最有效的支配。

1987 年秋任莱西县委组织部干部科科长为企业培训

◆ 在服务中管理才能管出向心力。

2003 年 5 月任广饶县委副书记兼常务副县长谈服务是管理基础

◆ 服务感化、协同增值、科技提效是成事之道。

2018 年 7 月任宁夏能源协会会长谈优秀组织

◆ 为了谁？依靠谁？是政党执政的首要问题。

2002 年秋任山东省委政研室处长谈历史唯物主义

◆ 人民至上应该成为执政者的信仰。

2020 年 6 月兼任宁夏能源协会会长谈以人民为"上帝"是他人教

◆ 官为民的逻辑是民养官。

2015 年 7 月任神宁集团党委书记兼副董事长谈自古民养官，官府为民建

◆ 做官最美做县令，听朝听州听民声，掌吏掌税掌刑警，政令朝出即日行。

2005 年 7 月任中共石嘴山市委常委兼平罗县委书记谈县制是最高级的执政体制

◆ 组织是太阳，干部是月亮。

2000 年春任山东省委政研室处长谈人与组织的关系

◆ 庙大和尚香，庙小和尚轻，官员要自知之明。

2000 年春任山东省委政研室处长谈人与组织的关系

◆ 抓住了人的需求就抓住了人心。

1983 年冬在山东师范大学读本科读马斯洛的《人类动机的理论》有感

◆ 政府对百姓尽责任，百姓才能对政府尽义务。

2007 年 5 月任吴忠市常务副市长谈政府对民众的态度决定民众对政府的态度

◆ 政府为多数人负责，多数人才能为政府负责。

2007 年 8 月任吴忠市常务副市长谈责任与义务是互动互生的

◆ 赢得少数必然失去多数。

2010 年 3 月任石嘴山市市长谈决策

◆ 主持公道是政府的天职。

2006 年 2 月任中共石嘴山市委常委兼平罗县委书记谈政

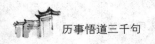

府是社会公平的后盾

◆ 直通的民主才能听到社会真言。

2006 年 10 月任中共石嘴山市委常委兼平罗县委书记谈古代设庠校听民主议政

◆ 理直才能气壮地管理。

2003 年 5 月任广饶县委副书记兼常务副县长谈服务与管理的关系

◆ 社会工作是一个过程，时缓则圆。

2006 年冬任中共石嘴山市委常委兼平罗县委书记自警

◆ 政治是通过过程去实现的。

2005 年 11 月任中共石嘴山市委常委兼平罗县委书记分析工作

二、利益是社会的神经

◆ 利益悬殊，对立加剧。

2013 年 10 月任宁夏经济与信息化委员会主任谈社会利益是社会的神经

◆ 平等是和谐之源。

2020 年 7 月兼任宁夏能源协会会长谈平等才能和谐

◆ 需求多元性决定了社会的复杂性。

2013 年 10 月任宁夏经济与信息化委员会主任时谈社会复

杂的根源

◆ 通常情况下经济基础决定思维方式。

2008 年 11 月在江西省井冈山干部学院学习谈经济的基础性

◆ 社会的核心问题是公平与正义。

2007 年 10 月任石嘴山市市长收看十七大实况有感

◆ 安全与公平是社会安定的基本底线。

2001 年 8 月在山东省委党校一年制中青班学习谈社会底线

◆ 政治的核心是人心。

2008 年 10 月在中央党校中青班学习谈政治的本质

◆ 满足大多数人需求的政治其生命力才长久。

2001 年 5 月在山东省委党校一年制中青班学习谈政治问题

◆ 公平体现于相称的比值。

1999 年秋在山东大学读博认为公平不是绝对值

◆ 价值是 A 对 B 的满足。

2004 年秋任石嘴山市副市长谈对价值依赖于相对落后方而实现

◆ 社会文明将进入"心"的时代。

2005 年 4 月任中共石嘴山市委常委兼平罗县委书记谈工作要从心理切入

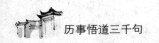

◆ 政府舍小利，公众才便利。

2013 年 6 月任宁夏经济与信息化委员会主任谈防止部门贪小利而失民意

◆ 职能部门联动才能打破政府的权力孤岛。

2013 年 6 月任宁夏经济与信息化委员会主任谈部门之间的政策孤岛削弱政府的执政能力

◆ 用于民生的钱往往四两拨千斤，四两拨人心。

2003 年 5 月任广饶县委副书记兼常务副县长谈民生

◆ 生态、产业、民生是百姓的生存命脉。

2008 年 1 月任石嘴山市政府市长谈生态、产业、民生是政府永恒的发力点

◆ 政务公开，民心百开。

1999 年秋在山东大学读博谈阳光管理

◆ 光明才能正大。

2000 年于山东大学读博谈心底光明才能行为端正

◆ 有光则明，以众为光者明。

2020 年 3 月兼任宁夏能源协会会长谈光是明的本源，光明是透视的条件

◆ 扶持创业是政府必须承担的种子工程。

2010 年 5 月任石嘴山市市长谈政府成立创业服务局

◆ 把扶贫的重点放到孩子身上是政治经济兼具的战略。

2006 年 6 月任中共石嘴山市委常委兼平罗县委书记谈从根本上扶贫

◆ 廉租住房和廉租厂房是政府必须掌握的政治资本。

2006 年 8 月任中共石嘴山市委常委兼平罗县委书记接受《经济日报》采访

◆ 财是民之心。

1997 年 5 月任山东省委政研室处长为济南市国税系统干部培训

◆ 财政是 360 日的政治。

2006 年秋任中共石嘴山市委常委兼平罗县委书记谈财政的政治意义

◆ 大企业富财政，小企业富百姓。

2013 年春任石嘴山市市长时谈财政

◆ 富农民、富市民、富财政，是经济工作的大方向。

2007 年 8 月任吴忠市常务副市长时在干部会上的讲话

◆ 公共秩序、公共设施、公益事业是政府的主业。

1999 年秋于山东大学读博谈政府职能

◆ 人均值是真实力。

2018 年 5 月兼任宁夏能源协会会长谈总量是现象，人均是实力的真象

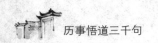

三、社会问题影响政权根基

◆ 管理社会是执政的重大职能。

2010 年 2 月任石嘴山市市长在干部大会上的讲话

◆ 社会情绪是政治的晴雨表。

1992 年春任山东省委办公厅人事处秘书谈要畅通民谣式舆论

◆ 利益冲突是社会冲突的根源。

2003 年春任广饶县委副书记兼常务副县长接受记者采访

◆ 社会和谐归根到底是人心的和谐。

2006 年 5 月春任中共石嘴山市委常委兼平罗县委书记谈和谐社会要研究不同阶层的心理

◆ 用事业引导群众、激励群众、吸引群众。

2005 年冬任中共石嘴山市委常委兼平罗县委书记谈如何聚心聚力

◆ 维护少数人的和谐，就会失去多数人的和谐。

2005 年冬任中共石嘴山市委常委兼平罗县委书记谈解决矛盾才能从根本上构建和谐

◆ 矛盾是绝对的，和谐是相对的。

2013 年 7 月任宁夏经济与信息化委员会主任谈社会

◆ 人人有饭吃，人人能讲话，是社会和谐的基本条件。

2006 年 5 月任中共石嘴山市委常委兼平罗县委书记谈和

谐社会的基础

◆ 上谅下，大谅小，富谅贫，才是健康的社会。

2009 年 8 月任石嘴山市市长谈和谐社会

◆ 社会是土壤，一要靠权力耕，二要靠文化耘。

2008 年 4 月任石嘴山市市长谈管理社会

◆ 对社会纠纷多仲裁，少判决，才能减少社会积怨。

2006 年 3 月中共石嘴山市委常委兼平罗县委书记谈强化
仲裁机构

◆ 社会保障机制是社会的稳定器。

2010 年 4 月任石嘴山市市长谈发展各类社会保险

◆ 低标准、保基本的社保方针，才能预防社会惰性。

2010 年 4 月任石嘴山市市长谈完善社保体制

◆ 建立自愿义工制，有利于培养国民的社会意识。

2013 年 6 月于任宁夏经济和信息化委员会主任谈义工制

◆ 大众监督是最经济最安全的政治保健。

1997 年春在山东大学读博为山东司法系统干部培训

◆ 媒体和书市是时代潮流的荧光屏。

1996 年春任山东省委政研室处长谈社会脉搏

◆ 民谣折射情绪。

1991 年秋任山东省委政研室秘书谈周朝设采诗官以诗察

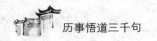

民情，设庠校以听政

◆ 公开是杜绝舞弊的药方。

1999 年秋于山东大学读博谈阳光管理

◆ 社会的有机性越高，社会的活力越强。

2008 年 11 月在中央党校中青班学习谈信息互动是组织有机性的灵魂

◆ 政党、政府要赢得民众，必须善于做终端市场。

2008 年 11 月在中央党校中青班学习谈无论是政治和经济，若只做中间环节不做终端市场，其体系极其脆弱、潜藏危机

◆ 王道自谦，霸道自威。

2017 年 6 月任宁夏人大常委会常委兼财经委副主任谈王道与霸道之特征

四、等级开放，社会向上

◆ 无论经济、政治、社会，一旦正路被堵，邪路必开。

2015 年 10 月任神宁集团党委书记兼副董事长谈社会激励制度

◆ 竞争的经济、民主的政治、融合的文化是大国崛起的力量。

2001 年在山东省委党校一年制中青班学习读《大国的兴衰》有感

◆ 民主、科学、公平、正义是社会发展的四大主题。

2001 年春在山东省委党校一年制中青班学习对政治问题的思考

◆ 处于社会底层的人，最容易被引导。

2007 年秋任石嘴山市市长在美国学习对社会现象的分析

◆ 改革、发展、反腐是执政党长青的三大抓手。

2002 年 3 月任山东省委政研室处长谈执政党

◆ 改革是防止政权僵化的唯一手段。

2014 年 6 月任宁夏经济与信息化委员会主任谈改革是执政的能量源泉

◆ 善有善报，恶有恶应，才能形成良性的组织机制。

2006 年秋任中共石嘴山市委常委兼平罗县委书记对社风、政风的思考

◆ 以民治权、以德治权、以法治权、以权治权才能防止权力异化。

2001 年秋在山东省委党校一年制中青班学习谈制度

◆ 有希望才有忍耐。

2015 年 6 月任宁夏经济与信息化委员会主任谈用希望引领社会、组织、人群、家庭

◆ 组织化程度低的群体无力以合法的方式抗御不公。

2011 年 5 月任石嘴山市市长谈最底层的群众若有理讲不

通，其反抗极易诉诸暴力

◆ 尽量减少对抗式执政是重要的执政战略。

2006年3月任中共石嘴山市委常委兼平罗县委书记时谈广开言路可避免政治危机

◆ 要借民怨以解民忧。

2011年3月任石嘴山市市长谈敢于、善于广开言路，才能借助民意民怨推动发展

五、社会要稳，工农是根

◆ 劳心者是财富之父，劳力者是财富之母。

2015年10月任神宁集团党委书记兼副董事长谈要尊重、尊敬劳力者

◆ 民众才是发展生产力的主体。

2013年6月任宁夏经济与信息化委员会主任谈民众是财富的接生者

◆ 物质财富决定实体文明。

2013年6月任宁夏经济与信息化委员会主任考察西班牙、芬兰有感

◆ 劳动，接生财富。

1992年春任山东省委办公厅人事处秘书谈劳动方式可以多样化，但必须劳动

◆ 权利的实质是支配、分配资源。

2018 年 9 月兼任宁夏能源协会会长谈权利的本质

◆ 创造财富者和整合财富者共同创造着社会。

2010 年 12 月任石嘴山市市长对社会现象有感

◆ 财富产出的方式与分配制度是社会文明的参数。

2013 年 7 月任宁夏经济与信息化委员会主任谈财富分布

◆ 产业垄断和权力垄断都能导致社会分化。

2013 年 7 月任宁夏经济与信息化委员会主任谈社会分阶层、分阶级的原因

◆ 生产创造财富,分配产生权力。

2013 年 6 月任宁夏经济与信息化委员会主任时在西班牙学习有感

◆ 高收入远离实物生产者是社会的病态。

2011 年 5 月任石嘴山市市长谈社会分工已成为不公平的借口

◆ 劳动价值量就是劳动者的价值。

2015 年 7 月任神宁集团党委书记兼副董事长谈人才错位是浪费

◆ 官以公为大,民以利为主。

2000 年冬任山东省决策咨询中心主任对社会角色的思考

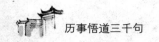

◆ 对巩固政权而言，民富比国富更重要。

1997 年 8 月在山东大学读博谈秦、隋灭亡的原因

◆ 生活安全是弱势群体的首选。

2000 年冬任山东省委政研室处长对社会问题的思考

◆ 穷人用生命换一切，富人用一切换生命。

2007 年秋任石嘴山市市长在美国考察对社会现象的分析

◆ 敬畏人民是服务人民的政治逻辑。

2015 年 6 月任宁夏经济与信息化委员会主任谈百姓供养着官员，官员为民是天理

◆ 敬畏百姓既是政治境界又是力学原理。

2015 年 6 月任宁夏经济与信息化委员会主任谈敬畏人民是他力教

◆ 熵增定律是他力教价值胜于自力教价值之逻辑。

2020 年 9 月兼任宁夏能源协会会长谈熵增定律（封闭的系统中，若无外力作用，系统将走向无序而亡）

◆ 有活干、能养家、诉诉苦，是劳动者必须维护的权利。

2011 年 11 月任石嘴山市市长谈社会固然有分工，但必须给劳动者尊严和公平

◆ 社会诉求一旦形成群体的力量，会出现排山倒海之势。

2011 年 4 月任石嘴山市市长谈敬畏劳动者

◆ 对冲动的人要先泄气后说理。

2017 年 10 月兼任神宁集团副董事长谈接访

◆ 群众的力量在于群脑、群眼、群耳、群嘴、群力。

2003 年冬任广饶县委副书记兼常务副县长谈群众的价值源自群体大、领域广、第一线、视角多、体验深

◆ 基数大的事无小事。

2011 年 4 月任石嘴山市市长谈敬畏劳动者

◆ 同样的事物，规模与冲击力成正比。

2011 年 4 月任石嘴山市市长谈敬畏劳动者

◆ 穷人不稳，富人不安。

2013 年 5 月任宁夏经济与信息化委员会主任谈社会收入分化

◆ 庶民安，政则安。

2013 年 5 月任宁夏经济和信息化委员会主任谈社会收入分化

◆ 自由人联合体必然反官僚。

2015 年 10 月任神宁集团党委书记兼副董事长谈对社会再认识

◆ 反官僚主义是民本思想的政治逻辑。

2015 年 10 月任神宁集团党委书记兼副董事长谈对社会再认识

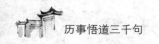

◆ 解放人是解放生产力的第一环节。

2006年9月任中共石嘴山市委常委兼平罗县委书记在干部大会上的讲话

◆ 接触百姓既是工作方法，又是群众感情。

2008年9月任石嘴山市市长谈群众工作

◆ 社会风气是自上而下带出来的。

2008年2月任石嘴山市市长谈要开设人民议政网

◆ 百姓讲理又讲利，官理与民利要统一。

2011年10月任石嘴山市市长所作《公务员之歌》

◆ 法治教育、科技教育、公德教育，要天天讲、月月讲、年年讲。

2004年2月任中共石嘴山市委常委兼平罗县委书记时的思考

◆ 平等是人类和平的种子，是人类的大智慧。

2005年6月兼任宁夏能源协会会长谈人类进步的社会标志是平等

六、从来没有救世主是简政放权的理论根据

◆ 趋利避害是一切动植物的本能。

2006年10月任中共石嘴山市委常委兼平罗县委书记谈政府无需杞人忧天

◆ 家庭是自组织能力最强的社会单元。

2007年9月任石嘴山市市长谈家组织的力量

◆ 家庭是共产主义组织的最小单元。

2020年3月兼任宁夏能源协会会长谈共产主义在身边

◆ 用企业理念管理政府才是现代的政府。

2001年5月在山东省委党校一年制中青班学习谈企业是投入产出最高效的组织

◆ 政府要创品牌，讲效率，研究投入产出比。

2004年夏任石嘴山市市长谈政府是服务类"企业"

◆ 政府是强大的总成机构。

2013年5月任宁夏经济与信息化委员会主任谈政府具有整合资源的巨大能量，导向务必慎重

◆ 通过"拼盘"干大事是政府的特有能量。

2013年7月任宁夏经济与信息化委员会主任谈围绕一项任务让职能部门合力推动是政府的优势

◆ 政府与企业必须互知、互动、共赢。

2013年5月任宁夏经济与信息化委员会主任谈政府要研究企业，企业要研究政府

◆ 管理社会之乱为，承担社会之不为，是政府的基本内政。

2006年2月任中共石嘴山市委常委兼平罗县委书记谈政府职能

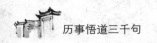

◆ 政府的根本职能是大治安、大公益、大民政、大财政。

2005 年 6 月任中共石嘴山市委常委兼平罗县委书记谈政府职能

◆ 管理机构庞大不仅消耗资本，而且消耗效率、滋生腐败。

2000 年 1 月任山东省委政研室处长谈机构改革

◆ 任何组织若动嘴者多，动手者少，最终要垮掉。

2015 年 6 月任宁夏经济与信息化委员会主任谈劳动是可持续发展之本

◆ 靠协调才运行的组织只有死路一条。

2020 年 6 月兼任宁夏能源协会会长谈依规自动的组织才有活力

◆ 权力分散、滥用严办是改革的方向。

2010 年 7 月任石嘴山市市长在干部大会上的讲话

◆ 横向增加跨度，纵向减少层级，才能释放组织活力。

2001 年冬在山东省委党校一年制中青班学习谈政府改革要符合扁平管理的趋势

◆ 分工制约优于专职监督。

2003 年 3 月任广饶县委副书记兼常务副县长谈古代宦官监军制是导致军事挫败的制度原因

◆ 在人民代表大会建立复式审计机构有助于权力制衡。

2007 年 10 月任石嘴山市市长对审计工作的思考

◆ 宏观调控要综合，行业管理要专业。

2001年夏在山东省委党校一年制中青班学习谈机构改革

◆ 简政、分权、放权是提高效能的关键。

2008年10月在中央党校中青班学习在座谈会上的发言

七、发展经济要激活欲望、提升技术、规范行为

◆ 经济力量是社会的万能力量。

2008年8月任石嘴山市市长谈经济力对社会具有根本性作用

◆ 当思想、技术与经济相矛盾时，思想、技术必然屈服于经济。

2008年8月任石嘴山市市长谈经济具有决定性

◆ 秀才造反，三年不成，不是智慧不足，而是缺经济基础。

2011年10月任石嘴山市市长谈经济是万事之基

◆ 突破制约的力度、速度，决定发展的效率。

2014年10月任宁夏经济与信息化委员会主任谈环保、土地、安全、节能是制约发展的四大瓶颈

◆任何事物高速度发展无论对自身还是对外界都是潜在的杀手。

2010年8月任石嘴山市市长谈限速是人类可持续发展的前提

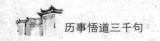

◆ 用消费刺激经济会加速消耗资源。

2015 年 10 月任神宁集团党委书记兼副董事长谈用消费拉动经济利于人类可持续

◆ 消费与购买力成正比，无需刺激。

2015 年 10 月任神宁集团党委书记兼副董事长谈居民收入

◆ 投资是新财富的源泉。

2013 年 6 月任宁夏经济与信息化委员会主任谈优质的投资是新财富的源泉

◆ 扩瓶颈是最稳健最经济的投入。

2003 年春任广饶县委副书记兼常务副县长谈发展与路径

◆ 今天的投资结构决定明天的产业结构。

2013 年 6 月任宁夏经济与信息化委员会主任谈投资既是发展战略又是发展战术

◆ 转型升级首先是存量升级，其次是增量优化。

2015 年 2 月任宁夏经济与信息化委员会主任谈升级与转型的关系

◆ 新经济观要把效率和产出作为决策的第一参照量。

2006 年秋任中共石嘴山市委常委兼平罗县委书记谈效率观优于成本观

◆ 算价值账比算成本账更理智。

2006 年秋任中共石嘴山市委常委兼平罗县委书记对城建

的思考

◆ 经济危机能够无情地推动产业升级。

2010 年 12 月任石嘴山市市长谈用政治力量推动产业升级的功效不如经济力量

◆ 驱动和制动都是市场功能。

2013 年 9 月任宁夏经济与信息化委员会主任谈经济危机是市场制动，而不是失灵

◆ 产业升级可以延缓经济危机的周期。

2015 年 3 月任宁夏经济与信息化委员会主任谈产业升级的意义

◆ 特色经济加规模经济是最稳健的区域经济。

2003 年 6 月任广饶县委副书记兼常务副县长谈区域经济的两大关键问题

◆ 经济结构多元，经济运行稳健。

2010 年 5 月任石嘴山市市长谈经济结构

◆ 产业多样才能东方不亮西方亮。

2003 年 6 月任广饶县委副书记兼常务副县长谈区域经济

◆ 发展经济既要重视企业的单体规模，又要重视企业的群体规模。

2005 年 6 月任中共石嘴山市委常委兼平罗县委书记谈发展区域经济的路径

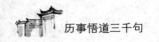

◆ 产业链是产业的钢铁长城。

2009 年 5 月任石嘴山市市长谈特色园区产业专一，有利于产业链条汇集

◆ 产业链延伸与区域附加值成正比。

2006 年 3 月任中共石嘴山市委常委兼平罗县委书记谈产业链经济是最集约的经济

◆ 产品的附加值与员工的工资成正比。

2001 年秋在山东省委党校一年制中青班学习为东营市企业干部培训

◆ 设计、制造、服务一体化是企业最佳的市场链。

2013 年 6 月任宁夏经济与信息化委员会主任在西班牙学习有感

◆ 善于集群才伟大。

2006 年 3 月任中共石嘴山市委常委兼平罗县委书记谈做大了才有知名度

八、用专业化培育产业军

◆ 缩小职业收入差距才能造就工匠队伍。

2015 年 2 月任宁夏经济与信息化委员会主任谈工匠精神、工匠队伍建设需要分配政策

◆ 工匠精神折射着民族素质。

2015 年 11 月任神宁集团党委书记兼副董事长谈工匠精神

◆ 产业军是创造价值的源泉。

2015 年 11 月任神宁集团党委书记兼副董事长谈一个地区
输入的产业军越多则越发达，输出的产业军越多则越萧条

◆ 产业军流到哪里，经济价值就积淀到哪里。

1996 年春在山东大学读博谈流入的产业军数量与积淀的
经济价值成正比

◆ 齐国兴技工之巧、通渔盐之利，而富甲天下。

2000 年 1 月在山东大学读博对齐国兴盛原因的分析

◆ 降低成本，鼓励生产，丰富供给是政府经济政策的根
本点。

2017 年 9 月兼任神宁集团副董事长谈宏观政策

九、农村、农业是人类的永久阵地

◆ 植物是人类生存最可靠的物质。

2006 年 10 月任中共石嘴山市委常委兼平罗县委书记有感
于植物的神奇性

◆ 土地是人类最安全的后盾。

2006 年 10 月任中共石嘴山市委常委兼平罗县委书记谈土
地是最好用的生产力，种瓜得瓜，种豆得豆

◆ 保护土地是保护人类的生存底线。

2006 年 10 月任中共石嘴山市委常委兼平罗县委书记谈土
地和植物是人类的生存底线

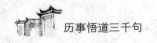

◆ 种子是农业的芯片。

2005 年 6 月任中共石嘴山市委常委兼平罗县委书记谈大力发展制种业

◆ 种子、苗子、崽子是农业经济最高端的价值链。

2009 年 3 月任石嘴山市市长陪时任林业部副部长李育才同志调研，对其强调发展苗圃有感

◆ 牧业是农业的驱动产业。

2003 年冬任广饶县委副书记兼常务副县长接受记者采访谈牧业是农业产业链条中承前启后的产业

◆ 没有村企一体化，就没有农村现代化。

1997 年 12 月任山东省委政研室处长倡议村队企业化

◆ 用企业带农村是农村现代化的必由之路。

2012 年 3 月任石嘴山市市长谈农业农村现代化

◆ 让农民在城市化、工业化中既安居又乐业是重大的社会战略。

2006 年 8 月任中共石嘴山市委常委兼平罗县委书记谈城市土地集体化是城市化的重要路径之一

◆ 建设农民商品房是城郊农村城市化的方向。

2006 年 5 月任中共石嘴山市委常委兼平罗县委书记谈在城郊农村建设农民商品房让农民既安居又乐业

◆ 城市土地集体化可以加快城市化。

2007年8月任吴忠市常务副市长谈如何破解城市化资金难题

◆ 农业不再只是经济基础，已经成为社会基础。

2003年春任广饶县委副书记兼常务副县长接受记者采访谈在当今大国农业是国民的命脉

◆ 现代的农业组织应该是产权清晰的联合体。

2003年8月任广饶县委副书记兼常务副县长接受记者采访

◆ 自然风险与市场风险是农业的两条软肋。

2005年春任中共石嘴山市委常委兼平罗县委书记谈组建农业保险公司

◆ 农业是命根，但不是富与强之根。

2003年春任广饶县委副书记兼常务副县长接受《大众日报》记者采访

◆ 在特殊时期家有钱万贯不如二亩田。

2015年10月任神宁集团党委书记兼副董事长谈钱解决不了天灾

◆ 振兴农村经济是城乡统筹的首要任务。

2010年5月任石嘴山市市长在农村工作会上谈建设新农村决不是农业国的回归

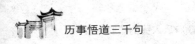

◆ 用工业和城市的生产、生活方式改造农村是后工业化、城市化的新方向。

2006年2月任中共石嘴山市委常委兼平罗县委书记谈城市化率过高会潜藏社会风险

◆ 特色小镇是产业专业化、产城一体化、农村城镇化的最佳载体。

2014年5月任宁夏经济和信息化委员会主任担任全国城镇化促进会理事的感想

◆ 农林水等特色院校向县城转移对振兴农业农村具有战略意义。

2005年10月任石嘴山市市长谈用高等院校、科研院所带动农业农村农民知识化和智能化

◆ 无污染的制造业进村是振兴农村经济的牵引。

2005年10月任石嘴山市市长谈农村现代化必须企业化

◆ 人才平台、生产方式、生活方式是新农村建设的切入点。

2006年8月任中共石嘴山市委常委兼平罗县委书记对新农村建设的思考

◆ 修建城乡之间的景观路是拉动城乡发展的经济带、动力带。

2006年10月任中共石嘴山市委常委兼平罗县委书记对农业的思考

◆ 选拔大学生任村官是政权建设的培根固本工程。

2006 年 8 月任中共石嘴山市委常委兼平罗县委书记谈农村问题

◆ 让村干部政治有前途、经济有保障、社会有地位是农村繁荣的政治机制。

2006 年春任中共石嘴山市委常委兼平罗县委书记在农村干部大会上的讲话

◆ 用土地换社保可以解决农民对土地的依赖。

1997 年 12 月任山东省委政研室处长倡议农村企业化

◆ 在半干旱地区退耕还林才能形成可持续的生态。

2007 年春任吴忠市常务副市长谈在半干旱地区退耕还草形成的生态经不起天灾和人祸

◆ 治污、蓄水、植树是西北地区生态建设的主抓手。

2005 年 6 月任中共石嘴山市委常委兼平罗县委书记谈生态

◆ 在干旱地区实行高密度造林，混交造林则景观美，蒸发少，生态好。

2007 年 6 月任吴忠市常务副市长谈造林

◆ 找水、找矿是推动干旱地区持续发展的根本方向。

2007 年 5 月任吴忠市常务副市长谈干旱地区的出路

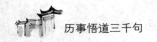

十、优质的城市是优质生产要素的孵化器

◆ 除了事业需要之外精英将率先进入城市。

2006年5月任中共石嘴山市委常委兼平罗县委书记谈城市建设

◆ 一流的城市才能吸引一流的产业。

2006年5月任中共石嘴山市委常委兼平罗县委书记谈建了垃圾箱必然引来垃圾

◆ 没有星级环境就引不来星级人物。

2004年10月任石嘴山市副市长谈什么样的环境吸引什么样的人才

◆ 优质的城市是优质要素及产业的孵化器。

2012年2月任石嘴山市市长谈城市是孵化企业的"企业"

◆ 宜居宜业的城市是现代社会的孕育地。

2008年11月在中央党校中青班学习谈世界大城市引领着人类文明

◆ 城市是人类得以全面发展的摇篮。

2003年3月任广饶县委副书记兼任常务副县长谈城市是优质生产、生活要素最富集的地带

◆ 解放和发展生产力首先是留住和吸引生产力。

2003年3月任广饶县委副书记兼常务副县长谈实施三大强镇加快对接城市化

◆ 城市是一个地方是否繁荣的物质标志。

2005 年春任中共石嘴山市委常委兼平罗县委书记谈城市化水平

◆ 区域经济的竞争是平台竞争，最大的平台是城市。

2017 年 9 月任神宁集团党委书记兼任副董事长给自治区领导写信再度建议推动银石同城化

◆ 交通与产业是城市的物质之源。

2016 年 9 月任神宁集团党委书记兼任副董事长谈城市财富

◆ 城市是政府最大的而且永不贬值的资产。

2005 年春任中共石嘴山市委常委兼平罗县委书记谈城市资本意义

◆ 人流、物流、资金流，最终要流向适宜人居的地方。

2004 年 11 月任石嘴山市副市长谈人居环境是吸附高质生产要素的第一引力

◆ 具有地理环境优势的都市是社会财富最终的汇聚地。

2004 年 6 月任石嘴山市副市长谈城市环境是生产要素

◆ 优越的自然环境是城市发展的天然拉力。

2004 年 6 月任石嘴山市副市长谈城市环境是生产要素

◆ 环境艰苦之地必须优先发展城市。

2004 年 6 月任石嘴山市副市长谈城市环境是生产要素

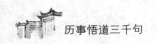

◆ 非宜居地区要用城市带生态、带产业、带农村。

2005 年春任中共石嘴山市委常委兼平罗县委书记谈在生态环境非宜居地区城市化才能带动现代化

◆ 对外连接的大交通是城市兴旺的动脉。

2010 年 3 月任石嘴山市市长在城市工作会议上的讲话

◆ 行政中心迁移或迁都是拉动区域经济发展的重大战略。

2005 年 6 月任中共石嘴山市委常委兼平罗县委书记对城市规划的思考

◆ 设立行政副中心既能拉动区域协调发展，又能快速限制大城市无限膨胀。

2005 年 6 月任中共石嘴山市委常委兼平罗县委书记谈城市群

◆ 军事城堡、政治中心、交通枢纽、独特资源都是城市的发祥地。

2001 年春在山东省委党校一年制中青班学习谈城市发展规律

◆ 城市规划的前瞻性要高于城市设计的前瞻性。

2005 年 6 月任中共石嘴山市委常委兼平罗县委书记对拓展新区的思考

◆ 发展组团式城市群是形成城市生态链的必然模式。

2010 年 3 月任石嘴山市市长在城市化工作会议上谈城市之间要有产业生态链

◆ 城市的命脉是产业。

2004 年 10 月任石嘴山市副市长谈城市繁荣的条件

◆ 做强边界城市是发展区域经济的桥头堡战略。

2005 年冬任中共石嘴山市委常委兼平罗县委书记在宁夏
人民代表大会分组讨论时的发言

◆ 发展中的城市若地价过高是"自杀"。

2003 年秋任广饶县委副书记兼常务副县长谈城市建设

◆ 城市规模与对生产要素的吸附力成正比。

2005 年春任中共石嘴山市委常委兼平罗县委书记谈城市
是区域经济的龙头

◆ 产业、教育、医疗、生态是城市存在和成长的根。

2010 年 3 月任石嘴山市市长在城市工作会议上的讲话

◆ 大中专院校是拉动城市文明的最佳因素。

2013 年 10 月任宁夏经济与信息化委员会主任谈大学的功能

十一、城市建筑是物化的露天史书

◆ 城市风格要坚持主脉中有变化，变化中有主脉。

2011 年任石嘴山市市长谈城市风格

◆ 城市规划除文物和精品之外必须旧服从新。

2007 年 1 月任中共石嘴山市委常委兼平罗县委书记谈城
市规划，如果对落后因循守旧则会错贯百年

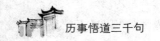

◆ 让市民节时、便利是城市规划的首理。

2005年5月任中共石嘴山市委常委兼平罗县委书记对城市规划的思考

◆ 超前规划需要大智大勇。

2005年3月任中共石嘴山市委常委兼平罗县委书记谈规划

◆ 超前，是未来的节约。

2005年春任中共石嘴山市委常委兼平罗县委书记谈城市规划

◆ 密集是城市的绝症。

2005年春任中共石嘴山市委常委兼平罗县委书记谈城市规划

◆ 大空间、大绿地、大水面、大马路、低密度，城市可持续。

2005年春任中共石嘴山市委常委兼平罗县委书记在城市规划会上的讲话

◆ 城建是艺术，要请艺术家去挑剔。

2005年春任中共石嘴山市委常委兼平罗县委书记在城市规划会上的讲话

◆ 天地人合一，是中国建筑思想的主题。

2005年春任中共石嘴山市委常委兼平罗县委书记在城市规划会上的讲话

◆ 利用大自然建设城市与发展产业是大师。

2007年10月任石嘴山市市长对城市建设的思考

◆ 地质和水源是城市选址的关键。

2012年2月任石嘴山市市长在意大利参观庞贝古城有感

◆ 城市规划要用过渡带预留发展空间。

2004年秋任石嘴山市副市长谈城市空间就是城市战略

◆ 园林与建筑群相间是最理想的城市空间。

2010年3任石嘴山市市长在城市化工作会议上的讲话

◆ 组团式布局高楼，城市空间通透。

2005年冬任中共石嘴山市委常委兼平罗县委书记谈建筑物的布局

◆ 十字街口是营造城市田字大空间的最佳地段。

2006年秋任中共石嘴山市委常委兼平罗县委书记谈十字路口的建筑布局必须远离路口，形成开阔的田字空间

◆ 道路两侧拉远建筑可增加空间倍数。

2006年秋任中共石嘴山市委常委兼平罗县委书记谈建筑布局

◆ 楼宇的庭院是聚气场，宜前不宜后，宜大不宜小。

2006年秋任中共石嘴山市委常委兼平罗县委书记谈公共建筑不宜贴近路边建设

◆ 高架桥架高才是城市的风景线。

2009年春任石嘴山市市长在上海对城市高架桥有感

◆ 单行线有利于减轻行人的心理疲倦。

2007 年 11 月任石嘴山市市长在美国对高速路的思考

◆ 城市美，一要布局美，二要单体美。

2007 年 11 月任石嘴山市市长在美国华盛顿对建筑的思考

◆ 单体建筑首先要比例美，其次是细节美。

2005 年冬任中共石嘴山市委常委兼平罗县委书记谈物体的比例美是第一美

◆ 比例美、抽象美、简洁美、淡雅美、阳刚美、阴柔美、反衬美、对称美、规模美，是建筑设计常用的审美视角。

2005 年冬任中共石嘴山市委常委兼平罗县委书记谈建筑设计

◆ 表现形式过三，损伤建筑美感。

2005 年冬任中共石嘴山市委常委兼平罗县委书记谈建筑物单体美

◆ 美，是刚柔之和谐。

1999 年秋在山东大学读博谈美的要素

◆ 美的建筑和装潢都是以柔配刚。

2008 年 1 月任石嘴山市市长对建筑美学的思考

◆ 主辅相反，必有美感。

2008 年 1 月任石嘴山市市长谈反差是造美的常用手法

◆ 用相反的符号反衬主体是阴阳美。

1999 年秋在山东大学读博谈美的要素

◆ 主阳、辅阴，悦目赏心。

2008 年 1 月任石嘴山市市长对建筑美学的思考

◆ 主阴、辅阳，柔中带刚。

2008 年 1 月任石嘴山市市长对建筑美学的思考

◆ 母子式雕塑或建筑是和谐美。

2006 年秋任中共石嘴山市委常委兼平罗县委书记对城市建筑的思考

◆ 厚重加流线，大气又美观。

2003 年春任广饶县委副书记兼常务副县长对城市建设的思考

◆ 挺拔美需要主线条阳刚。

2008 年 1 月任石嘴山市市长谈建筑物美感的主导因素

◆ 古典的永远是传世的。

2007 年 9 月任石嘴山市政府市长谈单体建筑

◆ 淡雅的永远是合时的。

2007 年 9 月任石嘴山市政府市长谈单体建筑

◆ 粗犷和暗淡，彰显古典。

2011 年 10 月任石嘴山市市长谈城市格调

◆ 造型、体量、材质、空间、走向，都会影响建筑风格。

2003 年春任广饶县委副书记兼常务副县长对城市建设的思考

◆ 在建筑物顶层用异于主体的色彩、门窗、线条收顶，既节约，又轻巧，又崇高。

2007 年 11 月任石嘴山市市长在美国华盛顿对建筑的思考

◆ 荧光材料可用于楼宇夜间亮化。

2007 年 9 月任石嘴山市市长谈单体建筑

◆ 装饰材料质地软，回声柔。

2003 年春任广饶县委副书记兼政府常务副县长对城市建设的思考

◆ 建筑物顶层缩进，稳健刚劲。

2010 年任石嘴山市市长在意大利罗马市有感

◆ 顶层线条崇高，视觉大气、美观、轻巧。

2010 年任石嘴山市市长在意大利罗马市有感

◆ 美的建筑群需要起伏、错落、变化。

2007 年 11 月任石嘴山市市长在美国华盛顿对建筑的思考

◆ 雄伟，须以高大体现；玲珑，须借小巧表达。

2005 年春任中共石嘴山市委常委兼平罗县委书记在城市规划会上的讲话

◆ 生态美是城市的第一美。

2007 年 11 月任石嘴山市市长在美国对高速路的思考

◆ 城市林带在城市规划中既是战略又是战术。

2003 年春任广饶县委副书记兼常务副县长对城市规划超前性的思考

◆ 水系、林地,是城市永久的竞争力。

2005 年春任中共石嘴山市委常委兼平罗县委书记谈城市规划

◆ 树木,是城市的年轮。

2003 年春任广饶县委副书记兼常务副县长对城市规划超前性的思考

◆ 无论是城市还是农村,林带是最好的景观。

2003 年春任广饶县委副书记兼常务副县长谈林带与环境

◆ 城市园林,要以树、水、石自然要素为主调。

2007 年 10 月任石嘴山市市长在生态建设动员会上的讲话

◆ 用长寿经果林营造城市街景,彰显独特的城市风情。

2007 年 12 月任石嘴山市市长谈城市组团绿化

◆ 长寿、长绿树木越多,城市越美。

2007 年 12 月任石嘴山市市长谈城市组团绿化

◆ 城市树木形成组团,更有美感。

2005 年 3 月任中共石嘴山市委常委兼平罗县委书记谈城

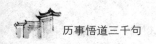
市绿化

◆ 道路，是城市发展的指挥棒。

2005 年春任中共石嘴山市委常委兼平罗县委书记谈城市规划

◆ 街巷加密，大道加宽，路巷相连，车人皆便。

2005 年春任中共石嘴山市委常委兼平罗县委书记谈城市规划

◆ 城市道路是黄金。

2005 年春任中共石嘴山市委常委兼平罗县委书记谈经营城市

◆ 城市开发，要以路带金、以绿增金。

2003 年 5 月任广饶县委副书记兼常务副县长谈新城区规划

◆ 拓展新城区可以降低城市建设的政治、经济、社会、时间四大成本。

2003 年 3 月任广饶县委副书记兼常务副县长谈新区建设

◆ 政府划格子，社会填空子，是城市扩张的快路子。

2005 年春任中共石嘴山市委常委兼平罗县委书记谈经营城市

◆ 建新城要道路先行、公益事业先行、景观先行。

2003 年 3 月任广饶县委副书记兼常务副县长谈用道路、

公益、景观拉动新城聚人、升温、升值

◆ 布局公共建筑要着眼于对周边的乘号效应。

2005 年 3 月任中共石嘴山市委常委兼平罗县委书记谈将行政中心迁出旧城

◆ 历史给美的事物让路，丑的事物给历史让路。

2005 年 4 月任中共石嘴山市委常委兼平罗县委书记谈历史呵护美的建筑

◆ 今天的精品就是明天的文物。

2012 年 1 月任石嘴山市市长谈文物是人造的，对文物不需神秘

◆ 同类的建筑群，规模越大其美感越差。

2008 年 1 月任石嘴山市市长谈城市建设要有立体空间美

◆ 整体美，需要远距离审视。

2005 年冬任中共石嘴山市委常委兼平罗县委书记谈建筑物的布局

◆ 大型建筑审美，要着眼天际轮廓线。

2007 年 11 月任石嘴山市市长在美国华盛顿对建筑的思考

◆ 单体美感取决于整体背景。

2009 年任石嘴山市市长谈审定效果图要着眼周边建筑物的体量

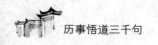

◆ 视角影响美感。

2009 年任石嘴山市市长谈审定设计效果图要警惕透视角度掩盖的问题

◆ 用模型审美，最直观、最保险。

2003 年春任广饶县委副书记兼常务副县长谈重要建筑必须借助模型审定

◆ 永久性建筑其使用功能要服从审美功能。

2003 年春任广饶县委副书记兼常务副县长谈单体美的历史意义

◆ 稀缺景观不可私人独占。

2003 年春任广饶县委副书记兼常务副县长对城市建设的思考

◆ 公有建筑要分布于主干道、水系岸、公园边，有利于拉升公有资产。

2005 年冬任中共石嘴山市委常委兼平罗县委书记谈规划红线

◆ 城市，是市民之家。

2005 年春任中共石嘴山市委常委兼平罗县委书记谈要让市民以城市为荣

◆ 广场，是市民的客厅。

2005 年春任中共石嘴山市委常委兼平罗县委书记谈城市广场的意义

◆ 图书馆是市民的心灵公园。

2012 年春任石嘴山市市长谈城市多建图书馆是积德之举

◆ 城市品牌，一要造，二要唱。

2007 年 10 月任石嘴山市市长谈城市品牌要造特色、唱特色

◆ 名人、名企、名景、名会都是城市品牌积淀的要素。

2007 年 10 月任石嘴山市市长对提升石嘴山市知名度的思考

◆ 安全、生态、宜业、宜居，是塑造城市品牌的卖点。

2007 年 10 月任石嘴山市市长对提升石嘴山市知名度的思考

民族、国家、组织都需要战略家引领

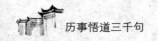

一、着眼持久利益是战略谋划的第一原则

◆ 一切向钱看，国、民很危险。

2020年5月兼任宁夏能源协会会长谈只有物质文明不是完整的人类文明

◆ 围绕权力和金钱转的社会很难引领世界文明。

2020年7月兼任宁夏能源协会会长谈脱俗才能文明

◆ 齐国对关税稽而不征，则商贸兴。

2000年1月在山东大学读博谈齐国是世界最早的市场经济雏形

◆ 政治要冷静，经济要繁荣。

2000年5月在山东大学谈古今中外政治上冷静的地方往往经济上繁荣

◆ 战略之间要互为视角、互为认证、互为条件。

2005年秋任中共石嘴山市委常委兼平罗县委书记对决策工作的思考

◆ 有的战略，一旦公布，就不再是战略。

2002年春任山东省委政研室处长谈有的国家战略需要保密

◆ 战略问题决不能完全以经济效益为前提。

2007年11月任石嘴山市市长在美国学习有感

◆ 政治家要以政治战略审视所有战略。

2007 年 11 月任石嘴山市市长在美国学习有感

◆ 对战略性东西看准了方向就要行动。

2006 年 5 月任中共石嘴山市委常委兼平罗县委书记谈政治家看准了方向就干，科学家算准了数字才动

◆ 战略不要拘泥于细节，车到山前必有路。

2004 年秋任石嘴山市副市长谈政治家做事不同于科学家

◆ 竞争是民族进化的必要条件。

2010 年 3 月任石嘴山市市长谈安逸是民族退化的温床

◆ 全球淘金才能国民富裕。

2013 年任宁夏经济与信息化委员会主任读亚当斯密《国富论》有感

◆ 推进民族国际化是民族生生不息的地域保证。

2004 年春任石嘴山市副市长谈鼓励移民

◆ 弥补弱项，破解制约，是国家的政治战略。

2005 年春任中共石嘴山市委常委兼平罗县委书记对以色列发展农业和航空战略的思考

◆ 研究失败和灾难，比研究成功和幸福更具战略性。

1994 年春任山东省委办公厅副处长谈教训的意义

◆ 四两拨千斤才是政府的真本事。

2014 年 10 月任宁夏经济和信息化委员会主任谈政府决策

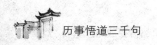

要研究投入产出比

◆ 最有效的调控是调控供给。

2010年12月任石嘴山市市长在自治区经济工作会上的发言

◆ 降房价的出路在于增加供给而不是调控需求。

2010年3月任石嘴山市市长在全国人民代表大会上接受记者采访

◆ 扩大供给长治久安，限制需求随时反弹。

2010年3月任石嘴山市市长在全国人民代表大会上接受记者采访

◆ 商品房、保障房并行是中国房地产业健康发展的必由之路。

2010年3月任石嘴山市市长在全国人民代表大会上接受记者采访

◆ 金融、税收是经济调控的主抓手。

2013年6月任宁夏经济与信息化委员会主任于西班牙谈经济调控要少用行政审批

◆ 减税既能为企业减负，扩大生产，增加就业，又能减少政府在经济领域的低效投资。

2015年6月任宁夏经济与信息化委员会主任谈减税比放宽货币政策更有效

◆ 政府减事、减人、减税是递进的因果逻辑。

2015 年 7 月任神宁集团党委书记兼副董事长在自治区党校授课谈实体经济

◆ 若实体经济无利可图，再宽松的货币也流不到实体经济。

2015 年 6 月任宁夏经济与信息化委员会主任谈要为实体经济减税、降费，否则货币政策无效

◆ 减税是经济领域普降的喜雨。

2015 年 7 月任神宁集团党委书记兼副董事长谈企业环境

◆ 货币通胀将导致公民的资产以贬值的方式再分配。

2015 年 11 月任神宁集团党委书记兼副董事长谈通胀是公民之灾

◆ 政府加杠杆是本性，财富贬值是常性。

2015 年 11 月任神宁集团党委书记兼副董事长谈投资是政府的天性，通货膨胀与存量财富贬值永远是刚性

◆ 通过降成本激活存量是经济萧条期政府的当务之急。

2014 年 6 月任宁夏经济与信息化委员会主任谈存量经济的基数大于增量经济，激活存量才能救急

◆ 战略就是舍小图大、舍近图远、舍阶段图目的。

2013 年 6 月任宁夏经济与信息化委员会主任谈舍当下小利图未来大利谓战略

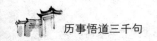

◆ 战略，即创造杠杆实现间接用力。

1996 年秋在山东大学读博谈间接就是战略

◆ 用长期经济学治国，用短期经济学治企，错位即渎职。

2013 年 5 月任宁夏经济与信息化委员会主任谈经济问题

◆ 科技与金融合璧，国力才能所向无敌。

2013 年 5 月任宁夏经济与信息化委员会主任谈经济问题

◆ 让不动产升值是不健康的经济导向机制。

2016 年 9 月任神宁集团党委书记兼副董事长谈经济发展

◆ 延长产品使用寿命才能促进生产要素的全面节约。

2016 年 10 月任神宁集团党委书记兼副董事长谈产品质量
与资源节约成正比

◆ 节约资源是人类可持续的第一关。

2016 年 10 月任神宁集团党委书记兼副董事长谈资源节约
与人类可持续发展

◆ 若政府和官员擅长做文字游戏必将祸国殃民。

2011 年 12 月任石嘴山市市长读《传习录》而感

二、立足国家基因谋发展，国家才长治久安

◆ 战略家、科学家是人类前进的导师。

2014 年 12 月任宁夏经济与信息化委员会主任谈缺少战略
家是一个国家、民族、地区、企业最大的悲哀

◆ 民族的首要战略必须定位于让民族生生不息。

2014 年 12 月任宁夏经济与信息化委员会主任谈发展周期越长的事物越需要战略家引领

◆ 社会发展难于经济发展。

2018 年 12 月兼任宁夏能源协会会长谈发展经济易，释人欲而已，发展社会难，私欲变为阻力

◆ 相对恒久的自然与人文禀赋是国家的基因。

2008 年 10 月在中央党校中青班学习时发表在《新华文摘》《学习时报》上的文章

◆ 国情可以是暂时的，国家基因是恒久的。

2008 年 10 月在中央党校中青班学习时发表在《新华文摘》《学习时报》上的文章

◆ 大国、古国、多民族是中国的国家基因。

2008 年 10 月在中央党校中青班学习发表在《新华文摘》《学习时报》上的文章

◆ 财富不等于现代化。

2000 年 1 月任山东省委政研室处长对世界主要石油生产国及我国康乾盛世的思考

◆ 只讲目的，不讲手段，必有后患。

2014 年 5 月任宁夏经济与信息化委员会主任谈大政方针和行动口号既要讲目标，又要讲规矩

355

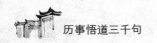

◆ 民族品牌是走向世界的通行证。

2007年10月任石嘴山市市长谈社会文明已经迈入地域品牌、民族品牌和个人品牌时代

◆ 创新型民族更有自豪感。

2010年3月任石嘴山市市长谈与其倡导做学习型民族，不如倡导做创新型民族

◆ 大国的产业布局既是经济又是政治。

2008年1月任石嘴山市市长谈若产业布局过于集中，既不利国家安全，又不利区域协调。

◆ 资源就地转化是国家运输节能的必由之路。

2005年春任中共石嘴山市委常委兼平罗县委书记谈产业布局对经济的深远影响

◆ 劳动力大迁徙的根源在于产业布局过于集中。

2008年1月任石嘴山市市长谈产业布局与西部开发

◆ 生产力布局到哪里，人才和价值就汇聚到哪里。

2008年1月任石嘴山市市长对国家"一五"规划和"三线建设"伟大意义的感悟

◆ 优化生产力布局不仅是经济战略，更是政治、社会战略。

2008年1月任石嘴山市市长对国家"一五"规划和"三线建设"伟大意义的感悟

◆ 输出资源是政治短见。

2015 年 10 月在中共石嘴山市委常委兼平罗县委书记谈限制不可再生资源及其加工品出口是国家必须坚守的定力

◆ 水对人类的制约是第一制约。

2018 年 12 月兼任宁夏能源协会会长谈以水为纲，协调发展是人类必须坚持的发展理念

◆ 民族跃升最终要靠文化跃升。

2011 年秋任石嘴山市长谈文化跃升是民族跃升的根

三、工业的第一使命是制造工具

◆ 善造工具的民族才是强盛之民族。

2015 年 10 月任神宁集团党委书记兼副董事长谈工具对民族的价值

◆ 装备制造业是工具之母。

2015 年 2 月任宁夏经济与信息化委员会主任谈装备制造业的伟大性在于工具性

◆ 工业以工具为纲，则工业强。

2015 年 2 月任宁夏经济与信息化委员会主任谈以工具为纲的工业才能成为民族的脊梁

◆ 硬技术决定着 80% 的效率。

2008 年 1 月任石嘴山市市长谈企业装备

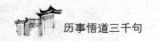

◆ 最先进的工具就是最先进的智慧。

1989年春在山东省委党校二年制研究生班学习对生产力形态的思考

◆ 芯片是最核心的设备。

2020年5月兼任宁夏能源协会会长谈芯片和软件是最高效的装备

◆ 千节万省,现代的手段不能省。

1994年春任山东省委办公厅副处长对领导决策的思考

◆ 没有重工业,就没有国家安全。

2012年3月任石嘴山市市长谈经济与政治的互含

◆ 重工业是高新技术的摇篮。

2009年3月任石嘴山市市长谈坚定不移发展重工业

◆ 新材料是新工业的"米"。

2012年11月任宁夏经济与信息化委员会主任谈工业

◆ 凡是崇拜生产力的民族都是昌盛的民族。

2014年10月任宁夏经济与信息化委员会主任谈民族精神

◆ 工业是拉三产带一产的驱动产业。

2003年5月任广饶县委副书记兼常务副县长谈工业

四、实体产业是国民经济之本源

◆ 若把流通作为财富之源是政治短见。

2006 年冬任平罗县委书记谈以服务业为中心的国度最终
要受制于装备制造业强大的国家

◆ 金融低息，税费减负，电力和运输降利，制造业才有
国际竞争力。

2013 年 9 月于国家行政学院学习谈国家靠金融、电力、
运输创利，得不偿失

◆ 金融资本在实体经济外循环是国家经济的灾难。

2013 年 6 月任石嘴山市市长于芬兰有感

◆ 以制造业为主导才是大国大道。

2011 年 5 月任石嘴山市市长谈制造业是大国的命脉

◆ 农业和制造业是大国安全的基业。

2012 年 3 月任石嘴山市市长在全国人民代表大会上的发言

◆ 削弱制造业必然抽空国家的技术根脉和经济基础。

2013 年 6 月任石嘴山市市长谈制造业是经济可持续发展
的原动力

◆ 制造业支撑服务业，服务业促进制造业才是良性的产
业生态。

2013 年 6 月任石嘴山市市长于芬兰有感

◆ 社会升级必须靠产业升级。

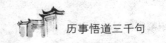

2003 年 5 月任广饶县委副书记兼常务副县长谈工业

◆ 技术可持续才能确保产业可持续。

1997 年春在山东大学读博为鲁花集团培训谈技术升级是产业升级的前提

◆ 没有技术创新就没有独立的产业。

2007 年 10 月任石嘴山市市长谈创新

◆ 设计、材料、装备，是民族工业自主的命脉。

2003 年 5 月任广饶县委副书记兼常务副县长谈装备工业

五、教育孕育家族、民族未来

◆ 学生时期是人生的春天，一要有好食堂，二要有好学堂。

2007 年 12 月任石嘴山市市长谈教育

◆ 让大智者自己谋生糊口，很难造就顶级人才。

2010 年 6 月任石嘴山市市长考察英国莎士比亚故居有感

◆ 培养爱国意识要从关爱娃娃做起。

2010 年 7 月任石嘴山市市长对贫困学生的思考

◆ 重视百姓的后生是执政的大战略。

2011 年 4 月任石嘴山市市长谈子孙连人心、连未来

◆ 学校是把人变为优质生产力的第一工厂。

2007 年秋任石嘴山市市长考察新加坡教育有感

◆ 教育是春播千粒籽、秋盈九州仓的事业。

2005 年 5 月任中共石嘴山市委常委兼平罗县委书记谈教育

◆ 教育扶贫和产业扶贫，最经济、最持续、最治本。

2008 年 10 月任石嘴山市市长感悟自治区建设六盘山中学和育才中学

◆ 教育辉煌与社会辉煌成正比。

2007 年秋任石嘴山市市长在新加坡考察对教育与社会之关系的思考

◆ 教育是改变社会基因必由之路。

2007 年秋任石嘴山市市长在美国考察对教育与社会之关系的思考

◆ 体育育身心。

2001 年春于山东省委党校一年制中青班学习读《青年毛泽东》有感

◆ 晓得真善美大了才吃香，十年寒窗苦才能走四方。

2005 年 7 月任中共石嘴山市委常委兼平罗县委书记所作《劝学谣》

◆ 好好敬先生，书里有宝藏。

2005 年 7 月任中共石嘴山市委常委兼平罗县委书记所作《劝学谣》

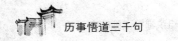

◆ 好儿女有志向，爹娘心里亮。

2005 年 7 月任中共石嘴山市委常委兼平罗县委书记所作
《劝学谣》

◆ 教育托举着平民家庭的希望。

2005 年 5 月任中共石嘴山市委常委兼平罗县委书记谈教育

◆ "耕"书是最好的牧志。

2005 年 8 月任中共石嘴山市委常委兼平罗县委书记创作
的歌曲《劝学谣》

◆ 读书是自主而可靠的命运抓手。

2014 年 11 月任宁夏经济与信息化委员会主任谈人的自控
因素

六、国家是人类族群的集团

◆ 国家是国民的家。

2007 年 11 月任石嘴山市市长在美国考察有感

◆ 国民最大的尊严源于国家尊严。

2007 年 11 月任石嘴山市市长在美国考察有感

◆ 国家是国民人格和身心安全的大本营。

2007 年 11 月任石嘴山市市长在美国考察有感

◆ 国际之间，民族利益高于一切。

2004 年春任石嘴山市副市长谈国际间友好要有底线

◆ 民族精神是国家之髓。

2013 年 10 月任宁夏经济与信息化委员会主任谈国家精神的意义

◆ 集体主义和民本主义是社会主义的精神内核。

2015 年 10 月任宁煤集团党委书记兼副董事长谈对社会再认识

◆ 让人得到全面发展的社会是最理想的社会。

2015 年 10 月任宁煤集团党委书记兼副董事长谈理想社会

◆ 以经济活动为中心是资本世界的主题。

2015 年 8 月任宁煤集团党委书记兼副董事长谈市场经济

◆ 强大才有主动权。

2003 年 7 月任广饶县委副书记兼常务副县长对事物的分析

七、军威是国威之基

◆ 国破家不宁，国乱企不兴，国辱民不荣。

2003 年冬任广饶县委副书记兼常务副县长读《大染坊》有感

◆ 强大才伟大。

2002 年 8 月任山东省委政研室处长对人生与国家的思考

◆ 强大的物种才能保障物种进化。

2020 年 10 月兼宁夏能源协会会长谈优才能强，强才能久

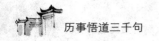

◆ 国威需要国防工业的撒手锏。

2006 年 11 月任中共石嘴山市委常委兼平罗县委书记时谈"两弹一星"是中国国威可持续发展的正向转折点

◆ 最优秀的团队文化是军队文化。

2006 年秋任中共石嘴山市委常委兼平罗县委书记谈解放军

◆ 服从与牺牲是军人精神的灵魂。

2013 年 6 月任石嘴山市市长时倡导在公安系统弘扬解放军精神

◆ 军队是职业精神最强的组织。

2006 年秋任中共石嘴山市委常委兼平罗县委书记谈军旅精神

◆ 军队是科研的第一方阵。

2006 年秋任中共石嘴山市委常委兼平罗县委书记谈高科技首先诞生于军事科技

◆ 优秀的军队是最智慧的组织。

2006 年 9 月任中共石嘴山市委常委兼平罗县委书记与军转干部交流

◆ 军队是效率最高的团体。

2006 年秋任中共石嘴山市委常委兼平罗县委书记谈军队

◆ 军队用集体行为净化心灵。

2006 年秋任中共石嘴山市委常委兼平罗县委书记谈军队

◆ 军队文化造就了军队的特殊战斗力。

2000 年秋任山东省委政研室处长为企业培训

◆ 军队基因是最优秀的组织基因。

2008 年春任石嘴山市市长在兰州军区报告会上的发言

◆ 一切组织只有移植解放军精神，才能形成优秀的执行力。

2003 年春任广饶县委副书记兼常务副县长给企业家发的短信

◆ 军队是政治家、企业家的摇篮。

2006 年秋任中共石嘴山市委常委兼平罗县委书记谈军队是意志和能力的熔炉

◆ 信息战永远是决定战争胜负的关键。

2006 年 11 月任中共石嘴山市委常委兼平罗县委书记对中国航天事业的感想

◆ 无人战役是未来战争的主要形式。

2011 年 10 月任石嘴山市市长谈战争

◆ 切断军事供给是最人道的战争。

2011 年 10 月任石嘴山市市长读兵法

◆ 全民兵役制是"民族补钙"的重大战略。

2010 年 10 月任石嘴山市市长荣获"全国国防动员十佳人物"时有感

◆ 央企是国家的特种军队，成本就是军费。

2020 年 6 月兼任宁夏能源协会会长时谈央企在国家中的地位

M

诗载心翔

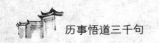

一、1980——2003

诗画夜思

1981 年春

昨夜雨歇蛙继鸣，惊醒千里梦。

已三更，隔窗寻稀星。

人悄悄，云移月朦朦。

无奈复就榻，重相逢。

断续到天明。

诗画雨景

1981 年 7 月

一路青山全程雨，山腰斜依小茅屋。

细柳枝头湿鸟声，瓜棚帘前几村姑。

诗画秋思

1981 年秋

秋风乍起过雁声，声声难辩苦乐情。

征夫常怨夜来晚，唯借碎梦回江东。

诗画心境

1981 年 10 月

风凉月丝青，醉眼望稀星。

银河船夫少，牛郎岸边梦。

诗画乡童

1982 年夏

孩童一池水，打水嘻嘻追。
小胖爬上岸，一幅天然美。

诗画念情

1982 年春

潭深液浆碧，池波由心起。
身在水镜中，心联天涯妻。

诗画游子

1982 年秋

秋风撩月光，静夜孤影移，
落叶沙沙响。露水打单衣。

懒觉

1982 年 5 月

晨曦翻被催人起，梦香境美意难离。
旭日何必不知趣，敲门叩窗声声急？

诗画春湖

1983 年春

湖边丛翠竹，苍然欲滴绿。

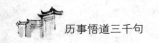

风送兰花香，垂柳牵春姑。

诗画南湖

1983 年春

城前一汪清潭水，岸柳问荷少年谁？
香薇摆枝暗送波，勿惊春童观蝶飞。

登千佛山

1983 年 4 月

春风不等人，登山拾阳光，
若有小背篓，山色一并装。

鲁山峰

1983 年 5 月

轻雾薄纱裹群峰，层层叠叠皆丹青。
秋风善解游人意，撩起纱幔山水明。

诗画春心

1984 年春

池边少年依春柳，春姑牵花故做嗅。
风吹花摇玉颜露，半腮惬意半腮羞。

春景

1984 年春

春来布谷声，悠杨唱春风。

家梅开颜早，细柳刚吐青。

诗画南山

1984 年 3 月

南山红花羞嗒嗒，满脸春韵飞彩霞。
悄悄独处听泉水，静待少年捧回家。

忆当年

1985 年 5 月

故地重逢忆当年，风华正茂游佛山。
梅竹松兰恰相聚，至今满眼桃花面。

诗画鲁峰晨景

1985 年 3 月

山啸乱云卷，孤鸟不胜寒。
人稀幽僻处，万物自相怜。

葛洲坝

1985 年 9 月

朝来葛坝听涛声，夕榻香舍桃花岭。
灯火辉煌一城春，偶闻客船笛悠鸣。

瞻庐山

1985 年 9 月

肃然访庐山，苍松柱青天。

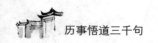

几座小楼宇，隐约还舌战。

瓷都景德镇

1986 年 9 月

春姑手纤白如玉，少年音爽声若磬。
街街瓷肆店店红，人人一双甜眼睛。

从政

1986 年 5 月

少小苦充壮年耕，弯背拉纤筋骨声。
今日有幸入廊台，惕惕不忘乡间情。

诗画乳山观海

1986 年 9 月

秋晨迎曦登乳山，眸网信撒兜鱼船。
旭日初浴冉冉起，紫气如幔挂苍天。

诗画秋湖

1986 年 11 月

舒目湖上秋，水中柳与楼。
莫非桃花源，几度痴卷袖。

诗画梦境

1986 年 6 月

昨夜伴君沐江风，风抖思绪网江陵。

适逢故地诗兴处，雄鸡报吾不闰更。

诗画五龙潭

1987 年 9 月

五瀑宕五潭，一瀑一重天。
遥望天垂布，误识织女绢。

井岗山

1987 年 9 月

山翠潭水清，潭中树影穹。
风送山气爽，皱波拥杜鹃。

诗画神农架（一）

1987 年 9 月

古木夹天光，小溪伴蝉唱。
松鼠攀高枝，金猴摇黄杨。

诗画神农架（二）

1987 年 9 月

神农架峰三千高，山拔峦涌古木啸。
石林冷杉守天门，游人却步听山涛。

诗画神农架（三）

1987 年 9 月

左峰古木竞参天，右岭青竹斗杜鹃。

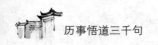

风起云舒雾纱起，秋阳调彩染碧山。

金猴岭

1987 年 9 月

古桦拥云吻天光，小溪自乐在偷唱。
金猴窃摇黄杨树，悠闲无争品苔香。

凭栏感江水

1987 年 9 月

江水悠悠千古流，半江欢乐半江愁。
喜怒哀乐人生谱，己欢莫忘他人忧。

诗画太湖

1988 年 5 月

太湖茫茫浮翠岛，玉龙戏波十里桥。
水鸟漫翔追孤帆，童叟相顾练垂钓。

苏州太湖

1988 年 5 月

信步登舸赏太湖，细味天堂与姑苏。
古城香竹小桥水，廓外千帆斗云雾。

泰山顶题照

1988 年秋

仙人闲卧玉贝舟，飘然出云停岱首。

游人惊呼龙王女，笑口一开楚王后。

父母心

1988 年 8 月

骄儿迢迢寄南洋，慈母几度泪洗肠。
严父面刚心亦软，三更辄梦子归乡。

大齐史

1989 年 2 月

鲁山三千高，淄水万年涛。
稷下聚百家，大齐好霸道。

滴水洞

1989 年 3 月

泉出滴水洞，松拔龙头山。
山抱领袖居，水绕神仙庵。

下龙湾

1989 年 3 月

船中烹鱼虾，海水煮肥蛤。
山影越窗来，海风送酒下。

归国

1989 年 3 月

朝发异国下龙湾，夕至华都上海滩。

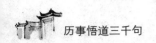

一日兼程山水云，部落相距弹指间。

诗兴

1989 年 11 月

昔泊汉江口，水声暗自流。
今朝再览江，诗心频怀旧。

笔德

1990 年 9 月

纵览人间史与经，浓墨重彩颂忠名。
宁为民生行针砭，不为乌纱粉太平。

诗画刀笔匠人

1990 年 11 月

翰林墨坛苦，诗台案灯孤。
奇笔皆骨血，文章方跃珠。

童歌

1991 年 11 月

甜舌若金铃，叮铛伴心声。
心池春潮起，蓦然岁月青。

诗画山村

1991 年 2 月

山前桃花悄悄开，水边茅屋起青苔。

寨寨少年鼓笙歌，家家春姑托玉腮。

游海

1991 年 3 月

碧海肥鱼游，靓男渔姑秀。
华船渐渐近，隔窗徒搔头。

海上桂林

1992 年 3 月

海上桂林又一甲，莫非海底春笋发？
远方众峰拥白云，眼下情侣偎他她。

海仙洞

1992 年 3 月

异国海仙洞，千态百姿影。
鬼斧神工使，栩栩宛若生。

文字

1992 年 3 月

民族欲续魂，须有文字根。
始皇文统一，比邻造新文。

拜韶山

1993 年 3 月

春乘红宝马，仰拜金韶山。

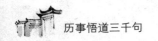

适逢清明青，虔诚叩先贤。

重游

1993 年 3 月

重游民俗园，今昔两重天。
贵为园主宾，专车随春兰。

岳麓山

1994 年 6 月

万年岳麓山，千秋抱书院。
山秀书院香，地灵聚群贤。

湖南第一师范

1994 年 6 月

一师才俊涌，师导领袖梦。
楼楼风姿雅，宇宇紫烟腾。

东山

1994 年 7 月

昂然登东山，观海拥松兰。
风情胜天堂，山海抱桃园。

诗画天伦

1995 年 8 月

晚风报饭香，美酒醉灯光。

妻儿窗前依，怪我公务忙。

观览亭

1995 年 9 月

歇步观览亭，忽闻丝竹声。
弦弦弹我心，愁串满天星。

他乡秋夜

1995 年 10 月

秋虫声声凄，露打游子衣。
呆望云中月，乡愁满心池。

又一春

1996 年 3 月

山山红花绽，溪溪清水新。
春色又一度，光阴抵万金。

宴学子

1996 年 9 月

遥送小才子，遣心同时飞。
慧凤早出巢，爹娘噙金泪。

谒西花厅

1997 年 10 月

庭院依旧松枝新，廊阶阁台永思君。

纵有后人堂中客，西花海棠念旧人。

诗与酒

1997 年 7 月

游子诗心不常开，春风催墨骤然来。
小诗聊伴五斗酒，墨香酒绵已开怀。

峨嵋山

1997 年夏

九曲峨嵋千丈涯，善山智水藏佛家。
峰峰四季云裹日，焉何日出雾开纱？

都江堰

1997 年 6 月

参拜龙王府，虔诚上香烛。
青烟绕太守，心叩民间佛。

军嫂

1998 年 7 月

洪水惊煞千千人，风雨每作辄念君。
水舌舐堤惊险时，君疲形体侬疲心。

诗画遵义会议会址

1998 年 5 月

一栋小楼宿星斗，春雨带寒风满楼。

唇枪舌战席席热，了却红军心头愁。

诗画黄果树瀑布

1998 年 5 月

隔林有涛声，拾阶挤曲径。
豁然飞瀑落，原是水帘洞。

诗画茅台镇

1998 年 5 月

赤水流波皆王浆，自古两岸筑酒坊。
山拥水绕神仙地，微风送来茅台香。

诗画秋

1999 年 10 月

云淡天高山清，日丽菊黄树净。
田熟人乐秋香，鱼欢鸟鸣风轻。

诗画大连棒棰岛

1999 年 10 月

又临棒棰岛，昔日兴未了。
山海依旧青，放眼网波涛。

惜光阴

1999 年元月

天驱春秋转，光阴无处拴。

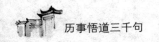

又是一年逝，何举可圈点？

社会

2001 年 4 月

人类万年史，朝政流水更，
世世有难民，朝朝出英雄。

诗画钟乳洞

2001 年 10 月

面馆这么大，主人你在哪？
如此千态面，必是神造化。

诗画观海

2001 年 10 月

脸盆这么大，万船能容纳。
盛下天地水，盆边连天涯。

断桥

2002 年 10 月

鸭绿江悠悠，隔岸战火骤。
岂容唇边火，一拳定千秋。

诗画秋湖

2002 年 5 月

湖边青苔多，细柳钓水波。

鱼儿摆尾来，邀吾亦同乐。

官箴

2003 年 9 月

理人犹治水，顺势功自遂。
立制循人性，治事心不累。

鲁闽宁

2003 年 9 月

鼓浪月色淡，不觉已入梦。
孔雀双向飞，西疆亦卧龙。

二、2004——2020

路遥

2004 年 3 月

志士乐路遥，太公历京镐。
东海恋天山，路曲通大道。

守边

2004 年 5 月

贺兰峰峰柱天，黄河滔滔千年。
金镂塞上春秋，豪泼丹青万卷。

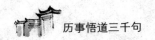

诗画河套

2004 年 6 月

元昊旌旗漫卷，大汗铁马托箭。
烟波金鼓已去，羽扇指点河山。

贺兰山

2004 年 6 月

贺兰峰三千，守边亿万年。
任世厚五岳，功德苍天鉴。

诗画沙湖

2004 年 8 月

湖水洗兰山，鱼嬉鸟影欢。
一群秋沙鸭，礼让小鱼船。

他乡仲秋

2004 年 10 月

又是一岁仲秋，塞上风悲月愁。
无意恋赏琴声，心飞天涯亲友。

子贺生日

2004 年 12 月

风卷心头雾，天蓝北斗出。
月色忽然明，影单心不孤。

大上海

2005 年 4 月

小令览上海，轿车三丈三。
一行三五人，朱门备盛宴。

济民

2005 年 6 月

早有济民志，今拥一线天。
倾心筑历史，留在百姓间。

笔威

2005 年 6 月

笔削山峦秀，墨渡千帆竞。
挥笔激昂时，搅得山河动。

官与民

2005 年 7 月

自古民养官，官府因民建。
官若不为民，焉何民养官。

西疆颂

2005 年 8 月

昆仑江河一脉，雄山智水同宗。
春秋丹青彩卷，辽原飞马英雄。

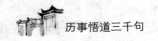

历事悟道三千句

抒

2005 年 9 月

心蝶东飞常不归，也许情深恋泉水。
夜风吹过心更苦，聊借残酒醉摇杯。

朋友赴昆明任职

2005 年 9 月

滇池日月季季春，春池绿水洗新人。
塞上春秋匆匆过，旧友相忆年年新。

赠企业家

2005 年 9 月

胸纳百万兵，月下撩琴声。
今日小诸葛，南战又北征。

耕书牧志

2005 年 3 月

天蓝地苍苍，耕书牧志忙。
春播粒粒籽，秋盈无限仓。

文武

2005 年 10 月

教化春风在，良心处处生。
若有恶人狂，挥鞭鞭鞭硬。

诗画县令

2005 年 10 月

为官最好小县令，听朝听州听民声。
掌吏掌税掌刑警，政令朝出即日行。

公园石刻

——平罗赋

2006 年 5 月

千年平罗，三才生焉。

东临黄河，西依贺兰。

秦之军塞，汉之重县。

北国米仓，塞上江南。

山雄水柔，天高地厚。

岳披岩画，地藏金斗。

湖泊星海，青木绿洲。

水土奇妙，物产多娇。

红杞褐枣，延寿神效。

千年贡米，食典之宝。

鱼肥羊鲜，滋味独妙。

五谷丰登，绿波金涛。

民族包容，文化互涵。

民勤风朴，尚德劝善；

农工仕商，容能聚贤；

文武辈出，郎台御前。

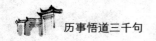

追古预来，脉深流远。

三才根固，平罗无限！

公园石刻

——北斗赋

2006 年 5 月

北斗之玄，宇宙之灵。

三才之道，尽裹其中。

朔方七星，尊谓北斗：

天枢、天璇、天玑、天权，四天成魁；

玉衡、开阳、瑶光，三星助辉。

昭以天时，万物循之。

天时天则，不可悖也。

斗运天时，杓转运生。

东向皆春，天地一新；

南指皆夏，生机勃发；

西向皆秋，金银盈斗；

北指皆冬，蓄锐藏精。

周而复始，春夏秋冬。

事物公理，消长相生。

七星司职，天人合一。

瑶光生力，功必强体；

开阳启智，深谋远计；

玉衡增勇，知行相济。

天权仁爱，万物有情；

天玑心旷，精神无境；

天璇警人，贪婪必惩；

天枢拯失，悔过则生。

体载智勇，三元则兴；

人异他物，心志唯重；

心力不衰，天蓝地青；

朝乾夕惕，君子之明。

北斗爱才，光耀群英。

旋玑斗魁，文曲之功。

天下之才，运开功成。

指极之光，以示天向。

天枢天璇，旅标分明。

心正行端，三世长生！

北斗载道，奥妙无穷。

君子乾惕，仰慕七星！

陶乐黄河大桥合龙

2006 年 6 月

千年古渡飞桥，金途银路财道。

老翁青壮孩童，热泪掌声雀跃。

诗画壶口瀑布

2006 年 6 月

六月沥雨游壶口，黄河三峡湍水骤。

垂瀑飞滚千吨浪，水锤破岩夺路走。

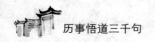

书香平罗

2006 年 7 月

黄河长又长，流经才子乡。

兰山高又高，孕育读书郎。

晓得真善美，长大名声香。

十年寒窗苦，才能走四方。

天蓝地苍苍，耕书牧志忙。

春播千里籽，秋盈九洲仓。

水乡平罗（歌词）

2006 年 8 月

黄河过塞不思往前走，千湖妩媚牵襟又拉手；

河哥哥你是否迷了路，湖妹妹也盼你留一留；

前面是古老的平罗城，那里有你黄河的影；

平罗情深义又重，人人心里夸咱的声；

左写河勋，右写湖功；

因咱鱼米香，因咱百业兴；

河哥哥乐吆点点头，哥哥牵起妹妹的手；

保佑平罗，保佑丰收。

黄河

2006 年 8 月

万年涛涛黄河，流尽岁月蹉跎。

自古英雄必争，只因涛激水沃。

大峰矿

2006 年 9 月

驱车访大峰，曲径连仙境。
山后采乌金，山前桃园城。

平民创业谣（一）

2005 年 9 月

诚意善心换人心，辛苦勤劳藏千金。
奇特独创避竞争，合伙聚才臣助君。

平民创业谣（二）

2005 年 9 月

道德智慧双力发，脸皮双腿同时备。
探视行动胜周思，经验教训皆可贵。

游子仲秋

2006 年 10 月

云移月朦朦，天边挂稀星，
耳边有鼓乐，难断思乡情。

富饶平罗（歌词）

2006 年 10 月

黄土地黄河水，造就塞上美；
鱼米香，牛羊肥，湖泊星海草木翠；

枸杞红，葡萄肥，家家俏哥户户靓妹；

黄土地黄河水，造就塞上美；

水草绿，鸭荡波，白鹭击水追鱼乐；

田州塔，玉皇阁，文化根连天下客；

黄土地黄河水，造就塞上美；

金沙滩，银沙湖，芦丛乱真南国竹；

左渔翁，右船夫，焉何迷入江南路。

商阜平罗（歌词）

2006 年 10 月

平罗地，河套川，米仓千千。

黄河水，波浪宽，古渡联帆。

金羊毛，甜沙枣，广通四海。

红枸杞，紫葡萄，亮遍五洲。

秦驿站，汉码头，商脉远久。

东方客，西方友，车马川流。

商有道，民有情，人人安宁。

客舍香，灯火红，歌舞升平。

吴忠颂（歌词）

2007 年 5 月

塞上吴忠好风光，大河秀湖鱼米乡。

湖边华都市，河边新农庄。

楼前葡萄绿，村前枣花香。

童叟练垂钓，河水悠悠淌。

一片江南俊模样。

塞上吴忠好风尚，尚文修武好地方。

好爹娘育儿郎，家家书墨香。

丝竹声琴器扬，书画争雅堂。

好施舍人善良，邻里喜洋洋。

爱和平尚礼让，人甜眉宇祥。

一片祥和的好地方。

一片江南俊模样。

一片祥和的好地方。

牵挂

2007 年 10 月

十五月正圆，夫君守边关。

深夜秋露凉，是否衣正单?

苏峪口

2008 年 5 月

登山吸春气，花木彬彬礼。

潺潺溪水边，松生龙爪椅。

元昊行宫旧址

2008 年 5 月

贺兰谷千仞，泉河唱古今。

略品万泉水，顿晓宫中人。

爹娘

2008 年 7 月

乌金万年天下奇，米仓千里自古香。
焉何塞上富与美？兰山黄河爹与娘。

古水旱码头石嘴山

2008 年 7 月

古渡丝路驿站，商埠贾人车船。
华夏东洋西域，古道驼铃千年。

井冈山

2008 年 9 月

云海翠山井冈，潭水杜鹃秋阳。
深谷修杉密竹，曲径石阶黄洋。

公园石刻

2009 年 8 月

——河勋
塞上有南国，稻香牛羊肥。
天则均四方，龙王赐天水。
——湖功
芦丛乱真南国竹，白鹭击水追肥鱼。
轻舟迎送天下客，焉何迷入江南路。

工业重镇

——石嘴山

2009 年 10 月

天赐塞上水城，国布内陆重工。
五湖四海大师，大国重器先锋。

塞上森林

2009 年 9 月

山阴古松密，林间泉声起。
青苔谐紫菇，腐植胜毡席。

春

2010 年 5 月

驱车向长安，山水桃花间。
顿觉心无际，春山景色鲜。

避暑山城

——石嘴山

2010 年 6 月

贺兰在这里卧，黄河从这里过。
阳光绿州飞鸽，湖水湿地天鹅。
元昊山河天国，岳飞贺兰山阙。
都府古城皇阁，康熙骏马广漠。
武当雄殿高香，慈禧金匾大佛。
远朋游船美人，客舍美酒灯火。

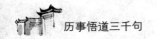

辛苦无价（歌词）

2010 年 6 月

看左邻比右舍，都靠辛苦创家业。

今日苦明天乐，自古都是这法则。

辛苦修得心灵美，心好价值比金贵。

辛苦练得身体强，心身健康事业遂。

辛苦积财又积德，财德双全人生贵。

辛苦持家家风好，家风传家大智慧。

看左邻比右舍，都靠辛苦创家业。

今日苦明天乐，自古都是这法则。

公务员之歌

2010 年 8 月

公务员要牢记，为民服务是宗旨。

对人说话要客气，做事讲法讲道理。

因有矛盾才有你，解决矛盾是天职。

百姓讲理又讲利，道理利益要统一。

公心才能生正气，民心一定向着你！

公务员要牢记，为民服务是宗旨。

游山

2010 年 8 月

忽觉风水异，宛如神仙境。

拾路入山坳，隐隐木鱼声。

诗画挪威山谷

2010 年 9 月

青山雾中瀑，丹青天宫出。
江岸景连景，双桨收不住。

诗画挪威天垂瀑布

2010 年 9 月

纺不尽的思君线，纱仓纺满千千间。
仓仓已满不见君，何时替侬把纱浣。

挪威秀山

2010 年 9 月

北欧丛山秀，婷婷入云端。
垂瀑连天地，俨然织女绢。

重游三峡

2011 年 6 月

舱外江水千年船，两岸小村已不见。
山巅似有迷猿啼，亦许重游恋此山。

看长远（歌词）

2011 年 5 月

人生路，路弯弯，
做事一定看长远，为了一时不合算。

小利让你终生悲，只图眼前到老贱。

人生路，路弯弯，

做事一定看长远，为了一时不合算。

着眼长远谱，慎选当下路。

人生路，路弯弯，

做事一定看长远，为了一时不合算。

舍得眼前利，就能走得远。

舍得眼前利，就能走得远。

人生多场戏（歌词）

2011 年 7 月

同一天，同一地，有人悲伤有人喜。

悲者莫极悲，喜者莫极喜。

悲悲喜喜常交替，人生要算总价值。

同一日，同一时，有人唱有人泣，

唱者莫极欢，泣者莫极泣，

祸福转眼移，人生胜负多场戏。

同一春，同一秋，有人欢乐有人愁，

生命事业都在变，原因藏在几年前，

人生还有多场戏，主角是自己。

人生还有多场戏，主角是自己。

生日

2011 年 11 月

斑鬓镜中闪，忽觉年华秋，

抬头望窗外，枫叶似亦忧。

胡杨

2012 年 10 月

傲立大漠间，早寒只等闲。
岁岁红装出，风采三千年。

感恩

2012 年 5 月

人生没有孤立的生命！
哲理有些抽象，
生活却活生生。
父母，
给了我们珍贵的生命；
亲人，
给了我们无私的感情；
先生，
给了我们知识和聪明；
组织，
给了我们生存和技能；
同事，
集体的力量使我们成功。
工、农、兵，
给了我们衣食和安宁；
科学家、思想家，

我们人类的启明星；

公仆，

让社会有序，维护着正义和公平！

宇宙，

造化了太阳、地球及众星；

地球，

孕育了人类及人类赖依的物种；

还有，还有……

数不清。

人生没有孤立的生命！

眺望

2012 年 7 月

看大河滔滔，赏湖水荡漾。

慕沃野良田，叹千年粮仓。

资源

2012 年 8 月

人类当精耕，留下子孙梦。

资源有大限，天有红绿灯。

工业

2012 年 9 月

人类飞跃本于工，善治工具民族盛。

材料工具两相益，工具为纲工方兴。

送父

2012 年 12 月

寒风送父归，亲友声声悲。
途中天地冷，频频细掩被。

惟有功业蓄时光

2013 年秋

人生当济世，难得赴沙场。
日月不怜人，惟功蓄时光。

诗画画家

2015 年 5 月

香墨饱毫生仙境，江山花鸟活丹青。
墨池洗瘦千千笔，画龙方能善点睛。

忧

2015 年 7 月

食农衣纺用匠器，财富产供赖民力。
倘若百利归劳心，焉丰物力固国基。

忧

2015 年 9 月

峻法功可速，利诱物即丰。
人心若不化，世间无久功。

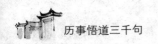

劝学（歌词）

2015 年 9 月

爹娘，爹娘，孩儿不会忘，
天上太阳这么热，爹娘种田忙。

挣来汗水钱，供我进学堂。

少小不读书，大了无用场。

十年寒窗苦，才能走四方。

爹娘，爹娘，孩儿不会忘，
机器声音这么大，爹娘做工忙。

挣来汗水钱，供我进学堂。

好好敬先生，书里有宝藏。

晓得真善美，大了才吃香。

爹娘，爹娘，孩儿不会忘，
天上已是满天星，爹娘还在忙。

挣来汗水钱，供我进学堂。

好好学本领，未来做栋梁。

孩儿有志向，爹娘喜洋洋。

爹娘的话，我记心上，
还有先生的大奖状。

爹娘的话，我记心上，
还有先生的大奖状！

正道（歌词）

2015 年 11 月

人生的路有千条，勤奋厚道是正道。

做事可靠靠勤奋，做人可靠靠厚道。

勤勤奋奋是财富的源，厚厚道道是平安的宝。

勤奋厚道比什么都重要，莫把这根本丢掉了。

人生的路有千条，勤奋厚道是正道。

做事可靠靠勤奋，做人可靠靠厚道。

勤勤奋奋衣食足，厚厚道道名声好。

勤奋厚道比什么都可靠，莫把自主的撑杆放弃了。

人生的路有千条，勤奋厚道是正道。

做事可靠靠勤奋，做人可靠靠厚道。

勤勤奋奋事业红，厚厚道道功德高。

勤奋厚道比什么都公道，莫把精力分散了。

人生的路有千条，勤奋厚道是正道！

安

2016 年 3 月

人生风雨路，举步义利间。

秉持良心灯，脚下步步安。

良心（歌词）

2016 年 5 月

良心无价金不换，良心保佑你我平安。

苍天把我们聚到了一起，大地把我们连成了一圈。

我良心做工你良心种田，衣食住行人人都安全。

我良心经商你良心做官，与人为善管着长远。

良心无价金不换，良心保佑你我平安。

生活把我们聚到了一起，社会把我们连成了一圈。

良心做人活得简单，良心做事名利双全。

良心之人没有干戈，走南闯北天高地宽。

良心无价金不换，良心保佑你我平安。

今世我们聚到了一起，来世我们也会相见。

良心做人感动天地，良心做事连着今世和明天。

良心之家儿女孝，富贵的香火代代相传！

良心无价金不换，良心保佑你我平安。

将心比心良心就来，换位想想良心就生！

人生

2016 年 5 月

万物皆赖交换生，春种秋收江山红。

先苦后乐幸福律，不劳图获总是梦。

母校樱桃

2016 年 6 月

颗颗玛瑙红，粒粒心上甜。

不觉心又飞，重回桃李园。

诗画树

2016 年 10 月

一别三十年，今日已参天。

身影印沧桑，顺逆皆泰然。

诗画异国晨光

2016 年 12 月

窗前一绿树，黄鹂摇枝舞。
暖阳已入室，床头耳边语。

诗画异国风情

2016 年 12 月

红瓦点点密林中，幽径人稀门扉净。
时时松风阵阵香，合抱之木栖鸟声。

拜印尼华侨

2016 年 12 月

豪宅阔千尺，庭堂环金壁。
引客后花园，入座盛宴席。

诗画海景

2016 年 12 月

小酌大洋边，几只小渔船。
海味比酒浓，醉了彪形汉。

诗画南洋

2016 年 12 月

大洋浮天舰，万里无需帆。
伴着日月行，载满大自然。

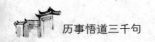

为昌将军抒怀

2017 年 5 月

将军解甲一身轻，花甲愈重故乡情。
林前柴垛已不见，捉迷伙伴已久等。

赏月思

2017 年仲秋

古月依然明，自然方长生。
人生半寸光，焉何累功名。

小院

2020 春

来日辞政坛，隐居小桃源。
自拥小天地，始做小神仙。

仙桃

2020 年夏

仙桃初黄即溢香，举手欲摘又思量。
老娘尚在千里外，请来快递驰故乡。

贺石嘴山市建市 60 周年

2020 年 9 月

岁月悠悠，六十春秋。
五湖四海，共筑高楼。

农工仕商，同台交响。
历史接力，丹青万章。
福水滔滔，宝山巍巍。
山水保佑，年年岁岁！

里程

2020 年 10 月

一九八零，
我走出村庄。
成为稀有的大学生，
开启了黄金里程。
师德师慧，
激活了木讷的我，
满心浪漫与憧憬。
一九八四，
步入政界。
浑身是胆，
东犁西耕。
风风雨雨，
周游了一番，
县乡市省。
二零一五，
转身央企。
领十万精兵，
与商者同行。

前行，前行，

还是不改，

那番淳朴的德行！

伴

2020 年 11 月

昔日兰韵历历在，朴素丽质胜粉黛。

一路牵手共风雨，默默陪吾守边塞。

甘露

2020 年 12 月

家中老妻贤，案头经典香。

甘露润无声，心身皆滋养。

致谢

　　本书在整理、出版、修订、再版的过程中，先后得到了宁夏人民出版社、中共中央党校出版社、国家行政学院出版社、东方出版社、中华工商联合出版社的大力支持。其中在宁夏人民出版社出版了两次，中共中央党校出版社出版了一次，国家行政学院出版社出版了两次，东方出版社出版一次，中华工商联合出版社出版两次。

　　我的同事闫新民、杜文龙、杨祖海、马军、孙兆良、征珍等在连续八次出版的过程中，先后做了大量的整理、打印、初校等工作，非常辛苦。

　　对上述单位和为本书多次出版付出辛苦的同志，一并深深致谢！

张作理

2021 年 5 月